1冊でわかる！

改正早わかり
シリーズ

平成**31**年
(2019)
4月**1**日
施行対応

働き方改革法

労働基準法、
労働安全衛生法、
パート労働法、派遣法

髙井・岡芹法律事務所
弁護士　　　　　　弁護士
大村剛史／高 亮[著]

労務行政

はじめに

　平成 30 年 7 月 6 日に「働き方改革を推進するための関係法律の整備に関する法律」（以下「働き方改革法」）が公布されました。この「働き方改革法」の内容は多岐にわたっていますが、その趣旨は、多様な働き方がある中で、労働者のワーク・ライフ・バランスを改善する目的で改正されたものです。主として改正された法律は、(1) 労働基準法、(2) じん肺法、(3) 雇用対策法、(4) 労働安全衛生法、(5) 労働者派遣事業の適正な運営の確保及び派遣労働者の保護等に関する法律（派遣法）、(6) 労働時間等の設定の改善に関する特別措置法、(7) 短時間労働者の雇用管理の改善等に関する法律（パート労働法）、(8) 労働契約法の八つの法律となります。

　この改正の中で事業主に最も大きな影響を与えるものは、労働基準法の改正において、新たに規定されることとなった時間外労働の罰則付き上限規制でしょう。近年、長時間労働問題がメディア等で取り上げられていましたが、これまでの法律は、所定外労働時間の上限がなく、青天井の状況でした。こうした現状に対し、労働者の健康の確保を図ることを前提に、ワーク・ライフ・バランスを改善すべく、長時間労働を抑制するためのルールを法律という形で策定し、併せて罰則を設けることでルールの徹底を図ろうとしたのが、今回の改正の内容になります。

　このほかにも、正規雇用労働者と非正規雇用労働者との不合理な格差を是正するための同一労働・同一賃金の法整備や、労働時間をベースとした賃金払いになじまない職種を対象とした高度プロフェッショナル制度の創設、一日一日の休養を確実に確保するための勤務間インターバル制度の導入（努力義務）など、今回の「働き方改革法」の内容は、各事業主に大きな影響を与えるものが非常に多く含まれています。

　本書はこうした一つひとつの改正について、「改正前」と「改正後」

を対照させることで容易に改正の内容を理解していただけるように
するとともに、内容についてポイントをまとめる形で解説をしてい
ます。また、実務において考えるべき点、法改正に当たり問題とな
る点などを説明することで、今回の改正についての理解を深めてい
ただくことを目的としています。

　少しでも本書が皆様の理解の手助けとなれば幸いでございます。

髙井・岡芹法律事務所

弁護士　大村　剛史

弁護士　高　　亮

※本書は、平成 30（2018）年 8 月末現在の情報を基に解説しています。

Contents

● 改正ポイント・新旧対比　11

- ◎時間外労働の上限規制の法制化 (概要) ……12
- ◎時間外労働の上限規制の法制化 (具体的内容) ……13
- ◎労使協定 (36協定) の記載事項の見直し……14
- ◎適用除外の取り扱い……15
- ◎時間外労働の上限規制に関する罰則……16
- ◎中小企業における割増賃金率の見直し……17
- ◎年次有給休暇の時季指定による付与義務……18
- ◎フレックスタイム制の見直し①……19
- ◎フレックスタイム制の見直し②……20
- ◎特定高度専門業務・成果型労働制
  (高度プロフェッショナル制度) の創設……21
- ◎面接指導の強化①……22
- ◎面接指導の強化②……23
- ◎産業医・産業保健機能の強化……24
- ◎勤務間インターバル制度の普及促進……25
- ◎その他の労働時間等の設定の改善を図るための措置……26
- ◎法律名・定義の改正 (パート労働法) ……27
- ◎不合理な待遇差を解消するための規定の整備等(パート労働法)……28
- ◎不合理な待遇差を解消するための規定の整備(派遣法)……29
- ◎派遣先労働者の賃金等の待遇に関する情報を
  派遣元事業者に提供する義務……30
- ◎労働者に対する待遇に関する説明義務……31
- ■改正項目ごとの施行日一覧……32

Contents

 改正法の主な内容と解説 33

❶労働基準法の改正 …… 34

1. 時間外労働の上限規制 …… 34

[1] 時間外労働の上限規制の法制化（概要）…… 34
[2] 時間外労働の上限規制の法制化（具体的内容）…… 36
[3] 労使協定（36協定）の記載事項の見直し …… 44
[4] 適用除外の取り扱い …… 49
[5] 時間外労働の上限規制に関する罰則 …… 54

2. 中小企業における割増賃金率の見直し …… 57

3. 年次有給休暇の時季指定による付与義務 …… 60

4. フレックスタイム制の見直し …… 65

[1] 清算期間の上限の延長 …… 65
[2] フレックスタイム制が適用される週所定労働日数が5日である労働者の法定労働時間の計算方法 …… 68
[3] その他 …… 70

5. 特定高度専門業務・成果型労働制（高度プロフェッショナル制度）の創設 …… 73

❷労働安全衛生法の改正 ……………………………………82

1.面接指導等……82

[1] 面接指導義務……82

[2] 労働者の申し出による面接指導の対象拡大……85

[3] 労働時間の状況の把握……85

2.産業医・産業保健機能の強化……89

[1] 産業医の活動環境の整備……89

[2] 労働者の心身の状態に関する情報の取り扱い……94

❸労働時間等の設定の改善に関する 特別措置法の改正 ……………………………………97

1.事業主等の責務……97

[1] 勤務間インターバル制度の普及促進……97

[2] 他の事業主との取引における配慮……101

2.労働時間等の設定の改善の実施体制……102

[1] 一定の要件を満たす衛生委員会を労働時間等設定改善委員会と みなす規定の削除……102

[2] 労働時間等設定改善企業委員会の決議に係る労働基準法の 適用の特例……103

❹短時間労働者の雇用管理の改善等に関する 法律および労働契約法の改正 ………………104

1.法律名・定義の改正……104

Contents

[1] 有期雇用労働者をパート労働法の適用対象に……104

[2] 短時間労働者の該当性……105

2.不合理な待遇差を解消するための規定の整備等……106

[1] 不合理な待遇の禁止……106

[2] 通常の労働者と同視すべき短時間・有期雇用労働者に対する
差別的取り扱いの禁止……108

[3] 賃金、教育訓練、福利厚生施設……110

[4] 通常の労働者への転換……111

3.待遇の相違等に関する説明義務……111

4.その他……112

[1] 労働条件に関する文書の交付等……112

[2] 就業規則の作成・変更手続き……113

[3] 指針……114

[4] 紛争解決等……114

5.施行日……115

❺労働者派遣事業の適正な運営の確保及び派遣労働者の保護等に関する法律の改正 ……119

1.不合理な待遇差を解消するための規定の整備……119

2.労働者に対する待遇に関する説明義務……123

[1] 派遣先事業者に対する、派遣先労働者の賃金等の待遇に関する
情報を派遣元事業者に提供する義務……123

[2] 待遇に関する事項等の説明義務……124

3. 行政による裁判外紛争解決手続きの整備等……125

❻じん肺法の改正 ……………………………………… 127

❼雇用対策法の改正 …………………………………… 129

1.法律名および目的規定等の改正……129

[1] 法律名の改正……129

[2] 目的、基本理念規定の改正……129

2.国の講ずべき施策の改正……130

3.事業主の責務……131

4.基本方針の策定、実施……132

⬤ 36協定の様式 135

◉時間外労働・休日労働に関する協定届 (案) ……137

◉時間外労働・休日労働に関する協定届
(特別条項込みの場合) (案) ……139

⬤ 新旧対照表 (労働基準法) 143

◉法令名等の略語凡例

・**安衛法**→労働安全衛生法

・**安衛則**→労働安全衛生規則

・**個人情報保護法**→個人情報の保護に関する法律

・**労働時間設定改善法**→労働時間等の設定の改善に関する特別措置法

・**パート労働法、パートタイム労働法**→短時間労働者の雇用管理の改善等に関する法律

・**派遣法、労働者派遣法**→労働者派遣事業の適正な運営の確保及び派遣労働者の保護等に関する法律

改正ポイント・新旧対比

改正ポイント・新旧対比

労働基準法

時間外労働の上限規制の法制化（概要）

☞ 34ページ

平成31（2019）年4月1日施行
※中小企業の適用は、平成32（2020）年4月1日

● 「告示」で定められていた時間外労働の上限時間およびその基準が「告示」から「法律」に格上げされました

改正前：時間外労働の上限時間を定める具体的な基準は、「告示」に委ねられ、法律上の定めはなし

改正後：時間外労働の上限時間、およびその具体的な基準を「法律」（労働基準法）で規定

実務ポイント
法制化により、残業時間の抑制と厳密な労働時間管理が求められる

2 時間外労働の上限規制の法制化（具体的内容）

労働基準法

☞36ページ

平成31（2019）年4月1日施行
※中小企業の適用は、平成32（2020）年4月1日

●臨時的に限度時間を超えて時間外労働を行う必要のある「特別の事情がある場合」の限度時間に、新たに上限が設けられました

改正前

（※時間外限度基準告示）
・原則
　36協定で定める時間外労働の限度時間は、1カ月45時間、1年間360時間
・特別の事情がある場合（例外）
　時間外労働の延長時間には上限の定めなし（ただし、年6回[6カ月]まで）

改正後

（※法律）
・原則
　36協定で定める時間外労働の限度時間は、1カ月45時間、1年間360時間
・特別の事情がある場合（例外）
　①時間外労働：年720時間
　②休日労働＋時間外労働：1カ月100時間未満
　③休日労働＋時間外労働：2カ月ないし6カ月のそれぞれにおいて1カ月平均80時間以内
　④月45時間を上回る回数は年6回まで

実務ポイント
限度時間の中に休日労働を含むかどうかに注意。

改正ポイント・新旧対比

3 労使協定（36協定）の記載事項の見直し

労働基準法

☞44ページ

平成31（2019）年4月1日施行
※中小企業の適用は、平成32（2020）年4月1日

● 36協定の記載事項が見直され、様式が改正されます

改正前

36協定では「1日」「1日を超え3か月以内の期間」「1年間」の延長時間を記載

改正後

・36協定では「1日」「1カ月」「1年間」の延長時間を記載
・新たに、①1年間の上限時間を適用する対象期間の起算点、②原則（1カ月45時間、1年360時間）の上限時間を超えて労働した労働者に講ずる健康確保措置の記載が必要に

実務ポイント
具体的な運用は、今後の指針の公表が予定されている

労使協定（36協定）の記載事項の見直し／適用除外の取り扱い

労働基準法

 4 適用除外の取り扱い

☞49ページ

平成31（2019）年4月1日施行
※中小企業の適用は、平成32（2020）年4月1日

> ●一部の事業、業務については、時間外労働の上限規制の適用除外となりました

 改正前

時間外限度基準告示による適用除外
●適用除外
①新技術、新商品等の研究開発の業務
②工作物の建設等の業務
③自動車の運転の業務
④季節的要因等により事業活動もしくは業務量の変動が著しい事業もしくは業務または公益上の必要により集中的な作業が必要とされる業務として厚生労働省労働基準局長が指定するもの

 改正後

法律による適用除外、適用猶予・緩和
●適用除外
（1）新たな技術、商品または役務の研究開発に係る業務
●適用猶予・緩和
（2）工作物の建設の事業
（3）自動車の運転の業務
（4）医業に従事する医師
（5）鹿児島県および沖縄県における砂糖を製造する事業

実務ポイント
今後、適用除外の廃止等の動きが出てくる可能性は高いため、時間外労働を削減していく対応が必要

15

改正ポイント・新旧対比

時間外労働の上限規制に関する罰則

労働基準法

☞54ページ

平成31（2019）年4月1日施行
※中小企業の適用は、平成32（2020）年4月1日

●時間外労働の上限規制に違反した場合に罰則が科されることとなりました

違反への罰則はなし

時間外労働の上限規制に関する違反に対する罰則化
●限度時間の上限（例外）のうち、
❶単月100時間未満（休日労働含む）、❷複数月平均80時間（休日労働含む）、❸1年720時間、❹月45時間超は年6回まで
——に違反した場合には、罰則が科される（6カ月以下の懲役または30万円以下の罰金）

実務ポイント
・事業主だけでなく、労働時間を管理する責任者に対して適用される
・厳密な労働時間管理を責任者が行っていく必要がある

中小企業における割増賃金率の見直し

労働基準法

☞57ページ

平成35（2023）年4月1日施行

●中小事業主に対し、1カ月60時間を超える時間外労働をした場合の割増賃金率（5割以上）の猶予措置が廃止されます

改正前：月60時間の時間外労働に係る割増賃金率（5割以上）について、中小企業への適用を猶予（労働基準法附則138条）

改正後：猶予措置の廃止

実務ポイント
施行日に向けて、割増率と就業規則等の諸規程の割増率の条項を変更することが必要となる

改正ポイント・新旧対比

 年次有給休暇の時季指定による付与義務

労働基準法

☞60ページ

平成31（2019）年4月1日施行

> ●使用者は年次有給休暇の日数が10日以上の労働者に対し、5日について、毎年、時季を指定して与えなければなりません

 改正前

特に規定なし

 改正後

使用者は年次有給休暇の日数が10日以上の労働者に対し、5日について、毎年、時季を指定して与えなければならない。ただし、労働者の時季指定や計画的付与により取得された日数分について指定する必要はない

実務ポイント
事業の運営に支障を来すことのないよう計画的に年次有給休暇を取得させる必要がある

労働基準法

8 フレックスタイム制の見直し①

☞65ページ

平成31（2019）年4月1日施行

●フレックスタイム制の清算期間の上限が、1カ月から3カ月に延長されました

清算期間の上限の延長

改正前
- フレックスタイム制の清算期間の上限は1カ月
- 労使協定での定めは必要だが、行政官庁への届け出は不要

改正後
- フレックスタイム制の清算期間の上限は3カ月
- 1カ月を超える期間を清算期間と定めた場合、1カ月ごとの平均労働時間が週50時間を超えたとき、法定の割増賃金を支払わなければならない
- 清算期間が1カ月を超える場合には、フレックスタイム制の労使協定の行政官庁への届け出を義務づける

実務ポイント
1週間当たりの労働時間が50時間を超えない場合でも、清算期間の終了時、清算期間に係る実労働時間が法定労働時間を超えていた場合は、超えた分について割増賃金の支払いを要する

改正ポイント・新旧対比

労働基準法

8 フレックスタイム制の見直し②

☞68ページ

平成31（2019）年4月1日施行

●労使協定により、清算期間を平均し、1週間当たりの労働時間が当該清算期間の日数を7で除した数をもって、その時間を除して得た時間を超えない範囲内で労働させることができるとされました

週所定労働日数が5日である労働者の法定労働時間の計算方法

改正前
行政通達により、一定の要件を満たす場合に限り、清算期間の週平均労働時間の算定について、清算期間の月の最初の4週間とその次の1週間の計5週間を基準にできる

改正後
法律（労働基準法）によって、労使協定の締結により、1週間当たりの労働時間が当該清算期間の日数を7で除した数をもって、その時間を除して得た時間を超えない範囲内で労働させることができる

実務ポイント
・本制度を導入する場合は、各月の労働時間を適切に把握し、上限を超過した場合に割増賃金の未払いが生じないよう注意
・清算期間における法定労働時間を超えた労働時間については、別途割増賃金の支払いが必要

労働基準法

特定高度専門業務・成果型労働制
(高度プロフェッショナル制度) の創設

☞73ページ

平成31 (2019) 年4月1日施行

● 「高度プロフェッショナル制度」 が創設されました

特に規定なし

①高度の専門性を必要とし、労働時間と成果との関連性が高くない業務に従事し、②一定の年収要件を満たす労働者に対して、③健康確保措置を講じること、④労使委員会の決議や本人の同意等を要件として、労働時間・休憩・休日・深夜割増賃金に係る労働基準法上の規定を適用除外とする制度 (高度プロフェッショナル制度) の導入が可能に

実務ポイント
・対象業務の範囲が限定されており、単に基準以上の報酬を支払っているという一事をもって本制度が適用されるわけではないことに留意する必要がある
・制度の導入を検討する場合は、対象労働者について、個別に慎重な検討を行い、同意を得ることが必要

改正ポイント・新旧対比

労働安全衛生法

10 面接指導の強化①

☞82ページ

平成31（2019）年4月1日施行

●事業者に対し、下記「改正後」の対象労働者につき、医師による面接指導の実施が法律で義務づけられました

改正前

特に規定なし

改正後

以下の労働者を対象に、医師による面接指導の実施を法律上義務づけ
①新たな技術、商品または役務の研究開発に係る業務に従事する労働者で、時間外・休日労働が月当たり100時間を超える者
②特定高度専門業務・成果型労働制（高度プロフェッショナル制度）の対象者で、健康管理時間が1週間当たり40時間を超えた場合のその超えた時間が月100時間を超える者

実務ポイント
・要件に該当した場合は、事業者は、労働者の申し出を待つことなく、医師による面接指導を実施しなければならない
・事業者は面接指導の結果を記録しておくことが必要となる

労働安全衛生法

10 面接指導の強化②

☞85ページ

平成31（2019）年4月1日施行

労働者の申し出による面接指導の対象拡大

労働者の申し出による面接指導の実施要件である時間外・休日労働時間数は、「月100時間超」から「月80時間超」に引き下げられる予定です

労働時間の把握

厚生労働省令で定める方法により、労働者の労働時間の状況を把握しなければなりません

実務ポイント

- 「新たな技術、商品または役務の研究開発に係る業務」に従事する労働者や「高度プロフェッショナル制度」の適用対象となる労働者については、労働時間が長時間になりやすいので注意が必要
- 労働時間を適切に把握するとともに、所定の要件に該当する場合には必ず医師による面接指導を実施する

改正ポイント・新旧対比

労働安全衛生法

11 産業医・産業保健機能の強化

☞89ページ

平成31（2019）年4月1日施行

産業医の活動環境の整備

産業医の活動環境の整備として、以下の4点を規定
①事業者は、産業医に対し、労働者の労働時間に関する情報その他の産業医が労働者の健康管理等を適切に行うために必要な情報を提供しなければならないこと
②事業者は、産業医から勧告を受けた場合は、その勧告の内容等を衛生委員会または安全衛生委員会に報告しなければならないこと
③産業医が労働者からの健康相談に応じ、適切に対応するために必要な体制の整備その他の必要な措置を講ずるように努めること
④産業医を選任した事業者は、その事業場における産業医の業務の内容等を、常時各作業場の見やすい場所に掲示し、または備え付ける等の方法で労働者に周知しなければならないこと

労働者の心身の状態に関する情報の取り扱い

労働安全衛生法等の規定による措置の実施に関し、労働者の心身の状態に関する情報を取り扱う際は、本人の同意がある場合等を除き、労働者の健康の確保に必要な範囲内でその情報を収集し、その収集の目的の範囲内で保管し、および使用しなければならないとされました

実務ポイント
情報提供義務の対象内容は、労働者に心身の不調が生じていること、またはその可能性が高いことをうかがわせる事情であるため、産業医への報告義務を果たすことが重要

産業医・産業保健機能の強化／勤務間インターバル制度の普及促進

労働時間設定改善法

12 勤務間インターバル制度の普及促進

☞97ページ

平成31（2019）年4月1日施行

● 「勤務間インターバル制度」 が努力義務として法制化されました

改正前　特に規定なし

改正後　労働時間等の設定の改善に関する特別措置法を改正し、「勤務間インターバル制度」を当該法律に努力義務条項として規定

実務ポイント
今回の法制化においては努力義務にとどまり、必ずしも当該制度を導入しなければならないというわけではない

25

その他の労働時間等の設定の改善を図るための措置

労働時間設定改善法

☞101ページ

平成31（2019）年4月1日施行

他の事業主との取引における配慮

「他の事業主との取引における配慮」として、下請け等を想定した、著しく短い期限の設定や内容の頻繁な変更をしないよう配慮することにつき、事業主に努力義務を課しました

労働時間等の設定の改善の実施体制

①一定の要件を満たす衛生委員会を労働時間等設定改善委員会とみなす規定が削除されました
②労働時間等設定改善企業委員会における決議に関する労働基準法の適用の特例が設定されました

実務ポイント

・今後、下請け等と取引を行うに当たり、納期の決定をする際や発注中の変更をする際には、この点に留意しながら対応していくことが必要
・①の施行日について、平成31（2019）年3月31日を含む期間を定めるもので、その期間が、平成34（2022）年3月31日を超えない場合は、その期間の末日までは有効

14 法律名・定義の改正

パート労働法

☞104ページ

平成32（2020）年4月1日施行
※中小企業の適用は、平成33（2021）年4月1日

有期雇用労働者を適用対象とする

パート労働法の法律名に「及び有期雇用労働者」を加え、有期雇用労働者を新たに同法の対象としました

短時間労働者の該当性

短時間労働者について、事業所単位ではなく事業主単位で該当性を判断するものとしました

実務ポイント
・これまで、パート労働法の「短時間労働者」に該当しないとされていた労働者も、新たに該当する可能性があるため、改めて該当性を確認することが望ましい

改正ポイント・新旧対比

15 不合理な待遇差を解消するための規定の整備等

パート労働法

☞106ページ

平成32（2020）年4月1日施行
※中小企業の適用は、平成33（2021）年4月1日

不合理な待遇の禁止

短時間・有期雇用労働者について、基本給・賞与その他の待遇のそれぞれについて、通常の労働者と比較して不合理な相違を設けてはならないものとされました

通常の労働者と同視すべき短時間・有期雇用労働者に対する差別的取り扱いの禁止

職務の内容および配置について通常の労働者と同視される短時間・有期雇用労働者は、短時間・有期雇用労働者であることを理由として、基本給、賞与その他の待遇のそれぞれについて差別的な取り扱いをしてはならないこととされました

待遇の相違等に関する説明義務

待遇の相違に関し、短時間・有期雇用労働者から求めがあった場合は、通常の労働者との待遇の相違について内容および理由を説明する義務が事業主に課されました

実務ポイント

・正社員とそれ以外の短時間・有期雇用労働者との間に労働条件の相違がないか確認し、その相違について合理的な理由を説明できるか検討するとともに、合理的な説明が困難である場合は、相違を是正するための具体的な対応を取る必要がある

不合理な待遇差を解消するための規定の整備

☞119ページ

派遣法

平成32（2020）年4月1日施行

> ●派遣労働者の均等・均衡待遇が法制化されました

特に規定なし（配慮義務のみ）

派遣労働者について、以下いずれかの待遇を確保することを義務化

- 派遣先の労働者との均等・均衡待遇
- 一定の要件（同種業務の一般の労働者の平均的な賃金と同等以上の賃金であることなど）を満たす労使協定による待遇

また、これらの事項に関するガイドラインの根拠規定を整備

実務ポイント

・派遣元事業主は、派遣労働者と派遣先の通常の労働者との均等・均衡待遇が実現できているのかを検討、必要に応じて、均等・均衡待遇となるよう賃金の見直しを検討する等が求められる
・派遣元事業主は、派遣先に対して、当該派遣労働者が協定対象派遣労働者であるか否かを通知しなければならない

改正ポイント・新旧対比

派遣先労働者の賃金等の待遇に関する情報を派遣元事業者に提供する義務

派遣法

☞123ページ

平成32（2020）年4月1日施行

●派遣先事業者に対し、派遣先労働者の賃金等の待遇に関する情報を派遣元事業者に提供する義務などの規定が設けられました

改正前

特に規定なし

改正後

派遣先事業者の、派遣元事業主に対する賃金等の待遇に関する情報提供義務の創設

実務ポイント

派遣先は、派遣元事業主に対し、労働者派遣契約を締結する際または情報に変更がある際には、情報提供を行う義務があり、これを行わなければ労働者派遣契約が締結できない

派遣先労働者の賃金等の待遇に関する情報を派遣元事業者に提供する義務／労働者に対する待遇に関する説明義務

労働者に対する待遇に関する説明義務

派遣法

☞ 124ページ

平成32（2020）年4月1日施行

待遇に関する事項等の説明義務

労働者に対する待遇に関する説明義務を強化するとともに、比較対象となる正規雇用労働者との待遇差の内容・理由等に関する説明を義務化しました

行政による裁判外紛争の解決手続きの整備等

派遣労働者の不合理な待遇差の是正のため、行政による履行確保措置および裁判外紛争解決手続（行政ADR）の整備がなされました

実務ポイント
・派遣事業主に対して、待遇に関する種々の説明義務が、その都度課されるため、各場面において説明する事項については整理することが望ましい
・より身近な紛争解決手続きが整備され、さらに自主的な解決の努力義務も課されたため、事業主は苦情の申し出に対してはより積極的な対応が求められる

改正ポイント・新旧対比

■改正項目ごとの施行日一覧

施行日	関係法規	内　容	掲載頁
公布日	雇用対策法 （法律名変更）	労働者が生活との調和を保ちつつ意欲と能力に応じて就業できる環境の整備	129
平成 31(2019)年 4 月 1 日	労働基準法	時間外労働の上限規制の法制化、罰則適用（中小企業除く）	34、36
		労使協定（36 協定）の記載事項の見直し（中小企業除く）	44
		年次有給休暇の時季指定による付与義務	60
		フレックスタイム制の見直し（清算期間の上限の延長等）	65
		特定高度専門業務・成果型労働制(高度プロフェッショナル制度）の創設	73
	労働安全衛生法	面接指導等（義務化、対象拡大）	82
		労働時間の状況の把握	85
		産業医・産業保健機能の強化（事業者から産業医への情報提供義務等）	89
	労働時間設定改善法	勤務間インターバル制度の導入（努力義務）	97
		他の事業主との取引における配慮（努力義務）	101
		一定の要件を満たす衛生委員会を労働時間等設定改善委員会とみなす規定の削除（経過措置あり）、労働時間等設定改善企業委員会の決議に係る労働基準法の適用の特例	102
	労働安全衛生法・じん肺法	労働者の心身の状態に関する情報の取り扱いの整備	94、127
平成 32(2020)年 4 月 1 日	労働基準法	時間外労働の上限規制の法制化、罰則適用（中小企業）	34、36
		労使協定（36 協定）の記載事項の見直し（中小企業）	44
	パート労働法・労働契約法	有期雇用労働者の適用対象化、均等・均衡規定の整備、正規雇用労働者との待遇差の内容・理由等に関する説明の義務化（中小企業除く）	104
	労働者派遣法	派遣労働者の不合理な待遇の禁止（派遣元）	119
		待遇に関する説明義務（派遣元）	124
		派遣先労働者の賃金等の待遇に関する情報を派遣元事業者に提供する義務（派遣先）	123
平成 33(2021)年 4 月 1 日	パート労働法・労働契約法	有期雇用労働者の適用対象化、均等・均衡規定の整備、正規雇用労働者との待遇差の内容・理由等に関する説明の義務化（中小企業）	104
平成 35(2023)年 4 月 1 日	労働基準法	中小企業における月 60 時間超の時間外労働に対する割増賃金率の猶予措置の廃止	57

32

改正法の主な内容と解説

改正法の主な内容と解説

 労働基準法の改正

1. 時間外労働の上限規制(平成31[2019]年4月1日施行
　※中小企業の適用は、平成32[2020]年4月1日)
[1] 時間外労働の上限規制の法制化（概要）

改正のポイント

「告示」で定められていた時間外労働の上限時間およびその基準が「法律」に格上げされました

| 改正前 | 時間外労働の上限時間を定める具体的な基準は、「告示」に委ねられ、法律上の定めはなし |

| 改正後 | 時間外労働の上限時間、およびその具体的な基準を「法律」（労働基準法）で規定 |

 解説

　労働時間は1日8時間・1週40時間を原則とし、使用者が労働者に時間外労働・休日労働をさせる場合には、労働基準法36条に基づき、あらかじめ労使で書面による協定（一般に、「36（サブロク）協定」という）を締結し、所轄の労働基準監督署長に届けることが義務づけられています。

　これまで、労働時間の延長に関する具体的な基準に関しては、労働基準法上、「厚生労働大臣は、（中略）基準を定めることができる」（改正前の労働基準法36条2項）とするのみで、法律上は定められていませんでした。

34

①労働基準法の改正

> **改正前の労働基準法 36 条 2 項**
>
> 厚生労働大臣は、労働時間の延長を適正なものとするため、前項の協定で定める労働時間の延長の限度、当該労働時間の延長に係る割増賃金の率その他の必要な事項について、労働者の福祉、時間外労働の動向その他の事情を考慮して基準を定めることができる。

この労働基準法 36 条 2 項の記載を受けて、具体的な労働時間の延長に関する基準が、「労働基準法第 36 条第 1 項の協定で定める労働時間の延長の限度等に関する基準」（平 10.12.28　労告 154、最終改正 : 平 21.5.29　厚労告 316。以下、時間外限度基準告示）により定められていました。

今回の改正は、この時間外限度基準告示で定められていた内容がベースとなって、労働時間の延長に関する基準が法制化されたものです。

具体的には、時間外限度基準告示で定められていた時間外労働の上限時間に関して具体的な基準を「法律」（労働基準法）で規定することとなりました。

中小企業への適用については、1 年遅れの平成 32（2020）年 4 月 1 日からの適用となっています。

実務 ポイント ⋯⋯⋯⋯⋯⋯⋯⋯⋯⋯⋯⋯⋯⋯⋯⋯⋯⋯⋯⋯⋯⋯⋯⋯●

今回の時間外労働の上限規制の法制化は、従前の時間外限度基準告示で定められていた内容をベースとしていますので、その点では対応が根本的に変わるわけではありません。

ただし、以下で解説するとおり、時間外労働の上限規制について法制化されたことにより、これまで青天井で時間外労働、休日労働が行われていた会社では、残業時間の大幅な抑制が求められるとともに、時間外労働、休日労働について厳密な労働時間管理が必要になります。

35

改正法の主な内容と解説

Q：「告示」から「法律」に格上げを行ったのはなぜでしょうか

A： これまで、36協定で定める時間外労働の限度時間（原則、月45時間、年360時間）については、時間外限度基準告示で定めていましたが、法律でないために、罰則等による強制力がありませんでした。また、臨時的な特別の事情がある場合に、特別条項付き36協定を締結することで、青天井の限度時間が設定可能となっていました。そこで、臨時的な特別な事情がある場合であっても、限度時間の上限を設け、その点も含めて法制化し、それらに対する罰則規定を置くことで、強制力を持たせようとしたという経緯があります。

[2] 時間外労働の上限規制の法制化（具体的内容）

改正のポイント

臨時的に限度時間を超えて時間外労働を行う必要のある「特別の事情がある場合」の限度時間に新たに上限が設けられました

改正前
（※時間外限度基準告示）
・原則
　36協定で定める時間外労働の限度時間は、1カ月45時間、1年間360時間
・特別の事情がある場合（例外）
　時間外労働の延長時間には上限の定めなし（ただし、年6回［6カ月］まで）

改正後
（※法律）
・原則（労働基準法36条3項、4項）

36

①労働基準法の改正

　36協定で定める時間外労働の限度時間は、1カ月45時間、1年間360時間
・特別の事情がある場合（例外。労働基準法36条5項、6項）
①時間外労働：年720時間
②休日労働＋時間外労働：1カ月100時間未満
③休日労働＋時間外労働：2カ月ないし6カ月のそれぞれにおいて1カ月平均80時間以内
④原則である月45時間を上回る回数は年6回まで

解説

　今回の時間外労働の上限規制に関しては、時間外限度基準告示で定められていた内容をベースに、新たな項目を加えながら法制化しています。そこでまずは、時間外限度基準告示の内容を紹介し、その上で今回の法制化による改正事項について説明をしていきます［図表1］。

(1)【改正前】時間外限度基準告示の内容
①限度時間の上限（原則）
　時間外限度基準告示では、36協定において一定期間についての時間外労働時間を定める際は、以下の限度時間を超えないように設定することが要求されていました［図表2］。
　なお、この限度時間には、法定休日労働の時間は含まれておらず、法定休日労働については、特に限度時間は設けられていませんでした。
②限度時間の上限（例外）
　これまで、臨時的に限度時間を超えて時間外労働を行わなければ

37

改正法の主な内容と解説

図表1 時間外労働の上限規制

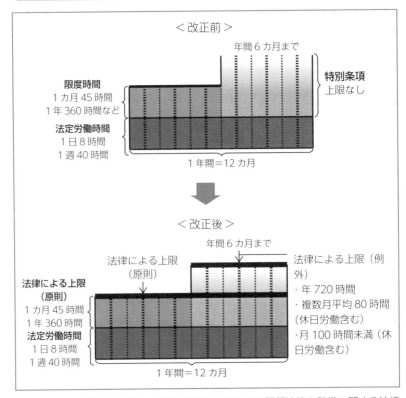

資料出所:厚生労働省「働き方改革を推進するための関係法律の整備に関する法律の概要」を基に労務行政が一部加工して作成

図表2 時間外労働に関する限度時間

期間	一般の労働者	対象期間が3カ月を超える1年単位の変形労働時間制の対象者
1週間	15時間	14時間
2週間	27時間	25時間
4週間	43時間	40時間
1カ月	45時間	42時間
2カ月	81時間	75時間
3カ月	120時間	110時間
1年間	360時間	320時間

ならない特別の事情が予想される場合には、「特別条項付きの協定」を締結することにより、①の原則的な限度時間を超える時間外労働を行うことができました。しかし、この場合の時間外労働の延長時間には上限が定められておらず、特別条項付き協定では、その延長時間の記載は青天井となっていました。これが今回の法律改正で大きく変わる事項の一つです。

この限度時間を超える時間外労働が認められる「特別の事情」（臨時的なもの）については、以下の二つの制限がありました（平15.10.22　基発1022003）。

(i) 一時的または突発的に、時間外労働を行わせる必要があるもの

(ii) 1年の半分を超えないことが見込まれるもの

その結果、①の原則的な限度時間を超える時間外労働を行うことができる回数は、1年に6回（6カ月）が限度とされていました。

(2) 【改正後】法律の内容

①限度時間の上限（原則）（労働基準法36条3項、4項）

今回の法改正において、時間外労働の原則的な上限は、基本的に従来の時間外限度基準告示の内容から変更されていません。

すなわち、原則として時間外労働をさせることができる時間は、「当該事業場の業務量、時間外労働の動向その他の事情を考慮して通常予見される時間外労働の範囲内において、限度時間を超えない時間に限る」とされ（労働基準法36条3項）、その限度時間として、1カ月について45時間、1年について360時間の限度時間を超えない時間に限って時間外労働が認められるとされました（労働基準法36条4項）。他方、1年単位の変形労働時間制において、3カ月を超える期間を対象期間と定めて労働させる場合には、通常の場合と異なり、1カ月について42時間、1年について320時間に限り時間外労働が認められます（同項）。この点も従来の時間外限度基準告示の内容から変更はありません。

なお、本書で時間外労働の上限の原則を説明する際には、1カ月45時間、1年360時間を前提に説明を行うこととします。

②限度時間の上限（例外）（労働基準法36条5項、6項）

前述のとおり、時間外労働の上限は、原則として1カ月45時間、1年360時間ですが、一般的な職場では「臨時的に」原則的な限度時間を超えて、時間外労働をさせる必要性が生じることがあります。そこで、法律においても、こうした事情に該当する場合には、原則の限度時間を超えて時間外労働をさせることができることとしました（労働基準法36条5項）。この点については、従前の時間外限度基準告示と同様です。なお、改正法（労働基準法36条5項）では、「当該事業場における通常予見することのできない業務量の大幅な増加等に伴い臨時的に第3項の限度時間を超えて労働させる必要がある場合」といった文言となっており、これを満たした場合に、原則の限度時間を超えて時間外労働をさせることができることとしています。この文言は、時間外限度基準告示で使用されていた「特別の事情」という表現を使用していませんが、意味合いとしては時間外限度基準告示の「特別の事情」と同義に考えてよいと思われます。

もっとも、時間外限度基準告示と異なり、法律では、前項の原則としての限度時間を超えて時間外労働をさせる場合にさまざまな制限が課せられることとなりました。加えて、休日労働についても一定の制限が設けられています。具体的には以下のとおりの内容となります。

限度時間の上限（例外）

❶1カ月における時間外労働および休日労働できる時間は100時間未満（労働基準法36条6項2号）

❷対象期間中、2カ月ないし6カ月のそれぞれの期間における時間外労働および休日労働の1カ月当たりの平均時間は80時間以内

（労働基準法 36 条 6 項 3 号）

❸ 1 年について時間外労働できる時間は 720 時間（労働基準法 36
条 5 項）

❹ 原則である月 45 時間を超えることができる月数は、1 年につ
いて 6 カ月以内（すなわち、年 6 回まで）（労働基準法 36 条 5
項）

　なお、以上の限度時間の上限（例外）とは少し趣旨が異なるとこ
ろですが、坑内労働その他厚生労働省令で定める健康上特に有害な
業務については、1 日当たりの時間外労働は 2 時間を超えないよう
求められています。この上限規制は、従前の労働基準法 36 条 1 項
ただし書きと同じ内容です。

③罰則

　上記限度時間の上限（例外）に違反した場合には、罰則が科され
ます（詳細は後掲 **[5]**［54 ページ］で説明します）。

実務 ポイント ⋯⋯⋯⋯⋯⋯⋯⋯⋯⋯⋯⋯⋯⋯⋯⋯⋯⋯⋯⋯⋯⋯●

　法律上は、時間外労働（条文上の文言では、「労働時間の延長」
という表現）と休日労働を分けて考えており、時間外労働の中に休
日労働を含めてはいませんので、時間外労働と休日労働については
明確にすみ分けて理解しておく必要があります。特に、今回の法改
正において、一部、休日労働を含めた時間の制約を設けている部分
もありますので、その点を混同しないことが重要です。

　具体的には、［図表 3］のように整理することができます。

図表3　新たな限度時間の上限の内容

区　分	内　　容	時間外労働	休日労働
原則	1カ月45時間、1年360時間 （1年単位の変形労働時間制の場合：1カ月42時間、1年320時間）	含む	含まない
例外❶	1カ月100時間未満	含む	<u>含む</u>
例外❷	2カ月ないし6カ月のそれぞれの期間における1カ月当たりの平均80時間以内	含む	<u>含む</u>
例外❸	1年720時間	含む	含まない

Q1：「限度時間の上限（例外）」は、どのような考え方に基づき、定められているのでしょうか

A1： 限度時間の上限については、大きく分けて、①年720時間、②休日労働＋時間外労働：1カ月100時間未満、③休日労働＋時間外労働：2カ月ないし6カ月のそれぞれにおいて1カ月平均80時間以内、という三つの時間に関する制限があります。

　この点に関し、①については、労使の自主的な取り組みを促進する労働時間等見直しガイドライン（労働時間等設定改善指針。平20.3.24　厚労告108）において、週60時間以上の長時間労働が恒常的なものにならないようにするよう抑制を図ることが求められていたことから、その時間を目安として、年720時間（＝月平均60時間）を上限としています。

　また、②および③については、「脳血管疾患及び虚血性心疾患等（負傷に起因するものを除く。）の認定基準について」（平13.12.12　基発1063）の厚生労働省労働基準局長の通達において、長期間の過重業務による労災認定の基準として、「発症前1か月間におおむね100時間又は発症前2か月間な

①労働基準法の改正

いし6か月間にわたって、1か月当たりおおむね80時間を超える時間外労働が認められる場合は、業務と発症との関連性が強いと評価できる」とされていることから、これらの数字を一つの目安として、「限度時間の上限（例外）」として、1カ月100時間未満、2カ月ないし6カ月の平均80時間以内という数字が定められました。

図表4　新たな時間外上限規制のイメージ

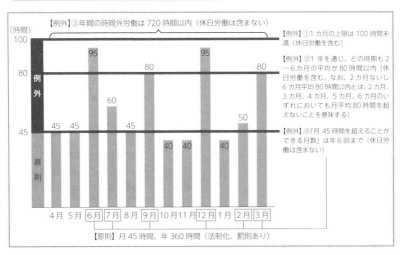

Q2：ある期間の時間外労働が、仮に、[図表4]とした場合、新しい時間外労働の上限規制に当てはめると、どのように解釈されるでしょうか

A2：あらためて、改正法の時間外労働の上限規制を整理すると、以下のとおりです。

原　則：月45時間、年間360時間
例外①：1カ月100時間未満
例外②：2カ月ないし6カ月のそれぞれの期間における1

43

> カ月当たりの平均80時間以内
> 例外③：1年720時間
> 例外④：月45時間を超えることができる月数は、1年について6カ月以内（すなわち、年6回まで）

これを前提として、[図表4]を見ると、以下のとおりです。

例外①：4月から翌年3月までの1年間、いずれの月も100時間未満

例外②：4月から翌年3月までの1年間、2カ月ないし6カ月のそれぞれの期間における1カ月当たりの平均80時間以内

例外③：1年の合計は715時間であり、720時間の上限を超えていない

例外④：月45時間を超えたのは、6月、7月、9月、12月、2月、3月の6回

以上を踏まえると、この［図表4］に基づく時間は、いずれも新しい時間外労働の上限規制の範囲内といえます。

[3] 労使協定（36協定）の記載事項の見直し

改正のポイント

36協定の記載事項が見直され、様式が改正されます（36協定の新様式は、135ページ参照）

改正前　36協定では「1日」「1日を超え3カ月以内の期間」「1年間」の延長時間を記載

⬇

改正後
- 36協定では「1日」「1カ月」「1年間」の延長時間を記載することになります
- 新たに、①1年間の上限時間を適用する対象

①労働基準法の改正

期間の起算点、②原則（1カ月45時間、1年360時間）の上限時間を超えて労働した労働者に講ずる健康確保措置の記載が必要になります

解説

　前述のとおり、今回の法改正においても、使用者が労働者に対し、時間外労働や休日労働を行わせる場合には、労働者の過半数で組織する労働組合、これがない場合には労働者の過半数代表者との間の書面による協定をし、それを行政官庁に届け出ることになっていますので、これまでの36協定に関する手続きの内容と原則的には変わっていません。

　一方で、36協定において定めなければならない事項についてはこれまで、労働基準法施行規則16条で定められていました。それが今回の法改正により、労働基準法36条2項で定められることとなり、内容についても、以下のとおり変更されました[図表5]。

(1)労働者の範囲

　時間外労働や休日労働をさせることができる労働者の範囲を定めることとされました。これまでも、労働基準法施行規則16条において、36協定上、「業務の種類」「労働者の数」を定めることが必要とされていたため、実質的に変更はないといえるでしょう。

(2)対象期間

　時間外労働、休日労働させることができる対象期間は「1年間に限る」旨定められました。これまでも1年を対象期間とする36協定が締結されることが多かったため、実態としてあまり変わりありません。

　またこれに関連して、「時間外労働の上限規制等について（建議）」（平29.6.5　労審発921）によれば、新たな36協定の様式（厚生労働省令で規定される予定となっています）に「1年間の上限を適

45

図表5　36協定締結に必要な主な記載項目

＜改正前＞労働基準法施行規則16条

①時間外労働させる必要のある具体的な事由
②業務の種類
③労働者の数
④1日について延長させることができる時間
⑤1日を超える一定の期間について延長することができる時間
⑥労働させることができる休日
⑦有効期間

＜改正後＞労働基準法36条2項

(1)労働者の範囲
(2)対象期間
(3)時間外労働、休日労働をさせることができる場合
(4)対象期間における1日、1カ月および1年のそれぞれの期間における時間外労働時間または休日労働日数
(5)時間外労働および休日労働を適正なものとするために必要な事項として厚生労働省令で定める事項
(6)例外の場合

用する期間の起算点を明確化すること」が適当であるとされています。

(3)時間外労働、休日労働をさせることができる場合

　時間外労働、休日労働をさせることができる場合についても定めることとされました。この点については、従来の労働基準法施行規則16条により、「時間外又は休日の労働をさせる必要のある具体的事由」を36協定で記載することが求められていましたので、特に内容的には変わらないものと思われます。

(4)対象期間における1日、1カ月および1年のそれぞれの期間における時間外労働時間または休日労働日数（1カ月45時間以内、

①労働基準法の改正

1年360時間以内）

　これまでは、36協定上、「1日及び1日を超える一定の期間についての延長することができる時間」と「1年」の記載が必要でした。今回の法改正により、「1日を超える一定の期間」は「1カ月」「1年」に限られることとなり、36協定の記載事項として、対象期間（1年）における「1日」「1カ月」「1年」のそれぞれの期間について、時間外労働させることができる時間を記載することに変わります。

　したがって、これまで、36協定において、それ以外の「1日を超える一定の期間」（例えば、1週間、2週間、4週間、2カ月、3カ月など）の上限基準が明記されていた場合には、その点については今後変更をする必要性が出てくるでしょう。

⑸時間外労働および休日労働を適正なものとするために必要な事項として厚生労働省令で定める事項

　具体的には、以下の点が厚生労働省令で定められる予定となっています。

⒤時間外労働の上限の原則（月45時間、年360時間）を超えて労働した労働者に講ずる健康確保措置

⒤限度時間を超えた労働に係る割増賃金率

⒤限度時間を超えて労働する場合における手続き

⒤限度時間を超えて労働する場合に、2カ月ないし6カ月のそれぞれの期間における時間外労働および休日労働の1カ月当たりの平均時間が80時間以内となるよう定めること

　このうち、⒤の健康確保措置の具体的内容については、新たに制定される指針において示される予定です。前述の建議によれば、その内容は、企画業務型裁量労働制対象者に講ずる健康確保措置として労働基準法38条の4の規定に基づく指針に列挙された内容（代償休日または特別な休暇の付与、健康診断の実施、連続した年次有給休暇の取得促進、心とからだの相談窓口の設置、配置転換、産業医の助言指導に基づく保健指導）を基本として、長時間労働を行っ

た場合の面接指導、深夜業の回数の制限、勤務間インターバル等が追加されたものとなる見通しです。

(6) 例外の場合の記載（臨時的に限度時間を超えて労働させる必要がある場合の定め）

通常予見することのできない業務量の大幅な増加等に伴い、臨時的に36協定で定めた限度時間を超えて労働させる必要がある場合には、以下の事項について定めておきます。

(i) 1カ月における時間外労働および休日労働できる時間（前記④で定めた時間外労働時間と合わせて100時間未満の範囲内に限る）

(ii) 1年について時間外労働できる時間（前記④で定めた時間外労働時間と合わせて720時間以内に限る）

(iii) 時間外労働の原則月45時間を超える月数（年6回まで）

実務ポイント

今後、厚生労働大臣が定める指針において留意事項や割増賃金率その他の必要な事項について定められる予定になっています。したがって、具体的な運用については、指針に則して行われるものと思われます。なお、指針では、時間外労働をできる限り短くするよう努めなければならないこと、休日労働を可能な限り抑制するよう努めなければならないことを定めることが予定されています。

Q1：法改正により、36協定を締結する場合の労働者側、企業側の当事者の要件に変更はありますか

A1：この点については、特に変更がなく、これまでどおり、使用者は、当該事業場ごとに、過半数労働組合がある場合にはその組合、過半数労働組合がない場合には、過半数代表者

①労働基準法の改正

との間で、書面による 36 協定を締結することになります。

Q2：平成 31（2019）年 3 月に 36 協定を締結する場合には、今回の改正は適用されるのでしょうか

A2： 改正法が適用されるのは、平成 31（2019）年 4 月 1 日となります。したがって、4 月 1 日の時点では改正法に沿った形の 36 協定を締結していることが必要となると思われます。平成 31（2019）年 3 月の段階で 36 協定を締結する場合には、実務上は、4 月 1 日からの改正法施行を視野に入れた 36 協定を締結することが必要になります。

[4] 適用除外の取り扱い

改正のポイント

一部の事業、業務については、時間外労働の上限規制の適用除外等となりました

改正前 時間外限度基準告示による適用除外
●適用除外
　①新技術、新商品等の研究開発の業務
　②工作物の建設等の業務
　③自動車の運転の業務
　④季節的要因等により事業活動もしくは業務量の変動が著しい事業もしくは業務または公益上の必要により集中的な作業が必要とされる業務として厚生労働省労働基準局長が指定するもの

改正後 法律による適用除外、適用猶予・緩和
●適用除外

> (1) 新たな技術、商品または役務の研究開発に係る業務（労働基準法36条11項）
> ●適用猶予・緩和
> (2) 工作物の建設の事業（労働基準法附則139条）
> (3) 自動車の運転の業務（労働基準法附則140条）
> (4) 医業に従事する医師（労働基準法附則141条）
> (5) 鹿児島県および沖縄県における砂糖を製造する事業（労働基準法附則142条）

今回の法改正に関しては、時間外労働の上限規制に関し、前記［2］（36ページ）で述べたとおり、以下の事項が法制化されました。

時間外労働の上限規制

限度時間の上限（原則）
　1カ月45時間、1年360時間

限度時間の上限（例外）
❶ 1カ月における時間外労働および休日労働できる時間100時間未満
❷ 対象期間中、2カ月ないし6カ月のそれぞれの期間における時間外労働および休日労働の1カ月当たりの平均時間は80時間以内
❸ 1年について時間外労働できる時間は720時間
❹ 原則である月45時間を超えることができる月数は、1年について6カ月以内（すなわち、年6回まで）

今回の時間外労働の上限規制の適用に関し、幾つかの事業・業務において適用の除外、猶予、緩和が行われています。具体的な対象

①労働基準法の改正

事業・業務は以下のとおりです。

●適用除外（労働基準法36条11項）
　⑴新たな技術、商品または役務の研究開発に係る業務
　→時間外労働の上限規制（限度時間の上限（原則）（例外））は、
　　適用されません
●適用猶予・緩和（労働基準法附則139〜142条）
　⑵工作物の建設の事業
　⑶自動車の運転の業務
　⑷医業に従事する医師
　⑸鹿児島県および沖縄県における砂糖を製造する事業
　→⑵〜⑷は施行から5年間、時間外労働の上限規制（限度時間
　　の上限（原則）（例外））は、適用されません。また、⑸は施行
　　から5年間、「限度時間の上限（例外）」のうち、❶および❷
　　は適用されません。
　　　また、適用猶予・緩和期間経過後の取り扱いは、⑵〜⑸のそ
　　れぞれで異なります［図表6］

⑴新たな技術、商品または役務の研究開発に係る業務（労働基準法36条11項）

　当該業務に関しては、時間外労働の上限規制「限度時間の上限（原則）（例外）」の適用除外となります。

　なお、当該業務に関しては、「時間外労働の上限規制等について（建議）」（平29.6.5　労審発921）において、時間外限度基準告示における適用除外の範囲を超えた職種に拡大することのないよう、その対象を明確化した上で適用除外とすることが適当とされていましたが、現段階では明らかとなっていません。

⑵工作物の建設の事業（労働基準法附則139条）

　当該業務に関しては、今回の法律施行日より5年間、前記「時

51

改正法の主な内容と解説

図表6　適用除外等の取り扱い

新たな技術、商品または役務の研究開発に係る業務	医師の面接指導（※）、代替休暇の付与等の健康確保措置を設けた上で、時間外労働の上限規制は適用しない。 ※時間外労働が一定時間を超える場合には、事業主は、その者に必ず医師による面接指導を受けさせなければならないこととする。（労働安全衛生法の改正）
工作物の建設の事業	改正法施行5年後に、一般則を適用（ただし、災害時における復旧・復興の事業については、1カ月100時間未満・複数月平均80時間以内の要件は適用しない。この点についても、将来的な一般則の適用について引き続き検討する旨を附則に規定）。
自動車の運転の業務	改正法施行5年後に、時間外労働の上限規制を適用。上限時間は、年960時間とし、将来的な一般則の適用について引き続き検討する旨を附則に規定。
医業に従事する医師	改正法施行5年後に、時間外労働の上限規制を適用。具体的な上限時間等は省令で定めることとし、医療界の参加による検討の場において、規制の具体的あり方、労働時間の短縮策等について検討し、結論を得る。
鹿児島県および沖縄県における砂糖を製造する事業	改正法施行5年間は、1カ月100時間未満・複数月80時間以内の要件は適用しない。（改正法施行5年後に、一般則を適用）

資料出所：厚生労働省「働き方改革を推進するための関係法律の整備に関する法律の概要」を基に労務行政が一部加工して作成

間外労働の上限規制」は適用されません。

　また、施行5年経過後についても、工作物の建設の事業のうち、災害時における復旧および復興の事業については、「限度時間の上限（例外）」の❶単月100時間未満（休日労働含む）および❷複数月平均80時間（休日労働含む）の上限規制については適用されません。

　なお、当該事業に関しては、法律施行後の労働時間の動向やその他の事情を勘案しつつ、将来的な適用については、引き続き検討をすることとなっています。

(3)自動車の運転の業務（労働基準法附則140条）

　当該業務に関しては、今回の法律施行日より5年間、前記「時

52

間外労働の上限規制」は適用されません。

　また、施行5年経過後についても、「限度時間の上限（例外）」
のうち、❶単月100時間未満（休日労働含む）および❷複数月平
均80時間（休日労働含む）、❹月45時間を超えることのできる月
数の制限の上限規制は適用されず、また、❸については、時間外労
働できる時間は年720時間ではなく960時間とされます。

　なお、当該業務に関しては、法律施行後の労働時間の動向やその
他の事情を勘案しつつ、将来的な適用については、引き続き検討を
することとなっています。

⑷医業に従事する医師（労働基準法附則141条）

　医師については、今回の法律施行日より5年間、前記「時間外
労働の上限規制」は適用されません。

　また、施行5年経過後については、具体的な上限時間等は厚生
労働省令で定めることとし、医療界の参加による検討の場において、
時間外労働規制の具体的な在り方、労働時間の短縮策等について検
討し、結論を得ることとなりました（労働基準法附則141条1項
ないし3項）。

⑸鹿児島県および沖縄県における砂糖を製造する事業（労働基準法　附則142条）

　当該事業については、今回の法律施行日より5年間、前記時間
外労働の上限規制のうち、「限度時間の上限（例外）」の❶単月100
時間未満（休日労働含む）および❷複数月平均80時間（休日労働
含む）について適用されません。

実務 ポイント

　今回の改正法の内容は、基本的には、時間外限度基準告示におい
て適用除外とされていた事業または業務に関し、引き続き適用の除
外、猶予・緩和がなされたものです。ただし、今回、適用除外となっ
た事業、業務についても、今後、適用除外の廃止、適用除外の内容

の縮小に向けた動きが出てくる可能性は高いため、少しずつでも、法制化された時間外労働の上限規制の内容に実態を近づけるべく時間外労働、休日労働の時間を削減していく対応をあらかじめとっておく必要があります。

Q：なぜ、これらの事業・業務等が適用除外あるいは適用猶予・緩和の対象となるのでしょうか

A：当該事業・業務は、その業務の特殊性から適用除外、猶予、緩和が認められています。現在においても時間外限度基準告示において、時間外労働の上限規制の適用外となっており、それが継続する形となっています。

[5] 時間外労働の上限規制に関する罰則

改正のポイント

時間外労働の上限規制に違反した場合に罰則が科されることとなりました

改正前　違反への罰則はなし

改正後　時間外労働の上限規制に関する違反に対する罰則化

これまでは、時間外労働の上限規制に対しては、罰則規定があり

ませんでしたが、今回の法改正により、新たに、罰則規定が設けられることとなりました（労働基準法119条、120条）。

　具体的には、新たに119条の中に罰則が科される条項として「36条6項」が明記され、[2]⑵②で述べた限度時間の上限（例外）のうち、「❶1カ月における時間外労働および休日労働できる時間は100時間未満」、「❷対象期間中、2カ月ないし6カ月のそれぞれの期間における時間外労働および休日労働の1カ月当たりの平均時間は80時間以内」に違反した場合には、罰則が科される（6カ月以下の懲役または30万円以下の罰金）こととなりました（労働基準法119条）。一方、「❸1年について時間外労働できる時間は720時間」（労働基準法36条5項）および、「❹原則である月45時間を超えることができる月数は、1年について6カ月以内（すなわち、年6回まで）」（労働基準法36条5項）については、119条に直接明記はされておりません。もっとも、❸、❹の違反となった場合には、36条の協定違反ということになり、その結果、最終的には法32条違反ということになりますので、もともと119条にある32条違反による罰則が科せられることになります。なお、協定に記載された上限や回数を超えた場合に32条違反となり、119条によって罰則が科されるという点についてはこれまでと変わらず、その意味では今回の新たな罰則制度というわけではありません。また、医師に関しては、別途、罰則が規定されています（労働基準法141条5項）。

実務 ポイント

　今回の改正により、時間外労働の上限規制に対する罰則が設けられました。そして、この罰則規定は、事業主はもちろんのこと、労働時間を管理する責任者に対して適用されるところですので、より一層の時間外労働、休日労働についての厳密な労働時間管理を責任者が行っていく必要が生じてきます。

Q：時間外労働の上限規制を超えた場合、直ちに罰則が適用されてしまうのでしょうか。その場合、誰が責任を問われますか

A：時間外労働の上限規制を超えた場合に直ちに罰則が適用されるか否かは、今後、当該罰則をどの程度厳格に適用するかという点によるところが大きいため、一概にはいえませんが、今回の時間外労働の上限規制の罰則は、これまで存在していた罰則規定である労働基準法119条、120条に追加された形となっています。

現状の実態としては、労働基準法違反があった場合、通常、直ちに罰則を適用する形ではなく、まずは労働基準監督署から是正勧告が行われます。その上で、是正勧告されたにもかかわらず、繰り返し同様の労働基準法違反を行った場合に、是正の意思がないと判断されたケースで書類送検され、罰則が科される形が一般的です。ただし、現在でも、労働基準法違反により、労働者の生命、身体に関わるような場合には、その点を重要視され、直ちに書類送検されるケースも考えられます。

改正法が施行された場合であっても、基本的にはこれまでの実態に即して考えれば、労働者の生命、身体に関わるような重大な結果が発生した場合を除いては、直ちに罰則が適用される可能性は低いと思われます。

責任を問われる者について、労働基準法119条、120条の罰則は、労働基準法10条の「使用者」に適用されます。ここでいう「使用者」とは、「事業主又は事業の経営担当者その他その事業の労働者に関する事項について、事業主のために行為をするすべての者」とされ、かなり範囲が広く解されています。例えば、取締役、業務執行役員のみならず、ときには店長、マネージャー、部長、課長、人事労務関係の権

限を有する者など、罰条に該当した労働基準法の義務について実質的に一定の権限を与えられていた者は処罰の対象となる可能性があります。併せて、労働基準法121条により、両罰規定として、事業主も処罰される可能性があります。

2. 中小企業における割増賃金率の見直し（平成35［2023］年4月1日施行）

改正のポイント

中小事業主に対し、1カ月60時間を超える時間外労働をした場合の割増賃金率（5割以上）の猶予措置が廃止されます

改正前	月60時間の時間外労働に係る割増賃金率（5割以上）について、中小企業主への適用を猶予（労働基準法附則138条）

改正後	上記猶予措置の廃止

解説

労働基準法37条1項ただし書きにおいては、1カ月60時間を超える時間外労働をした場合、その超えた時間に対して通常の労働時間の賃金の計算額の5割以上の率で計算した割増賃金を支払うことが定められています。これは、平成22（2010）年4月1日施行の改正労働基準法において、長い時間外労働を強力に抑制することを目的として定められたものでした。しかし、この規定については、中小事業主に対しては、「当分の間」はこの規定を適用しないと定められ（改正前の労働基準法附則138条）、猶予措置が図られ

改正法の主な内容と解説

図表7　中小企業の月60時間超の時間外労働に対する割増賃金率の引き上げ

＜改正前＞

	1カ月の時間外労働 (1日8時間・1週40時間を超える労働時間)	
	60時間以下	60時間超
大企業	25%	50%
中小企業	25%	25%

＜改正後＞

	1カ月の時間外労働 (1日8時間・1週40時間を超える労働時間)	
	60時間以下	60時間超
大企業	25%	50%
中小企業	25%	50%

資料出所：厚生労働省「『労働基準法等の一部を改正する法律案』について」を基に労務行政が一部加工して作成

ていました。

　今回の法改正により、その猶予措置が廃止されます（改正前の労働基準法附則の削除）。施行日は、平成35（2023）年4月1日となっています。施行日以降は、中小事業主であっても、他の事業主同様、1カ月60時間超の時間外労働に対しては、その超えた時間に対して通常の労働時間の賃金の計算額の5割以上の率で計算した割増賃金を支払わなければなりません［図表7］。

実務 ポイント

　この改正は、中小事業主が対象となる内容です。ここでの中小事業主とは、「その資本金の額又は出資の総額が3億円（小売業又はサービス業を主たる事業とする事業主については5000万円、卸売業を主たる事業とする事業主については1億円）以下である事業主及びその常時使用する労働者の数が300人（小売業を主たる事業とする事業主については50人、卸売業又はサービス業を主たる事業とする事業主については100人）以下である事業主をいう」と定められています（改正前の労働基準法附則138条）。

　法律の施行日（平成35［2023］年4月1日）から、月60時間超の時間外労働に対して5割以上の割増賃金率を適用することになります。それに向けて割増率の変更をしておくとともに、就業規

58

則等の諸規程の割増率の条項についても併せて変更しておくことが必要です。

労働基準法37条1項
　使用者が、第33条又は前条第1項の規定により労働時間を延長し、又は休日に労働させた場合においては、その時間又はその日の労働については、通常の労働時間又は労働日の賃金の計算額の2割5分以上5割以下の範囲内でそれぞれ政令で定める率以上の率で計算した割増賃金を支払わなければならない。ただし、当該延長して労働させた時間が1箇月について60時間を超えた場合においては、その超えた時間の労働については、通常の労働時間の賃金の計算額の5割以上の率で計算した割増賃金を支払わなければならない。

改正前の労働基準法附則138条
　中小事業主（その資本金の額又は出資の総額が3億円（小売業又はサービス業を主たる事業とする事業主については5000万円、卸売業を主たる事業とする事業主については1億円）以下である事業主及びその常時使用する労働者の数が300人（小売業を主たる事業とする事業主については50人、卸売業又はサービス業を主たる事業とする事業主については100人）以下である事業主をいう。）の事業については、当分の間、第37条第1項ただし書の規定は、適用しない。

Q1：25％から50％への割増率変更には、どのような手続きが必要でしょうか

A1：これまで、25％の支払いとしていた中小企業は、50％の支払いとなるような割増率の変更に関する就業規則の改定が

必要となります。

Q2：代替休暇や時間単位年休を付与することにより、50％の割増率を適用せず、25％の割増率とすることはできますか

A2：代替休暇に関する労使協定を締結し、それを前提に代替休暇を取得してもらえれば、60時間を超える時間に関しても、50％の割増率を25％の割増率とすることは可能です（労働基準法37条2項）。一方で、時間単位年休を付与することで、50％の割増率を25％の割増率とすることはできません。

3. 年次有給休暇の時季指定による付与義務（平成31［2019］年4月1日施行）

改正のポイント

使用者は、10日以上の年次有給休暇が付与される労働者に対し、5日について時季を指定して与えなければなりません

特に規定なし［図表8］

使用者は年次有給休暇の日数が10日以上の労働者に対し、5日について、毎年、時季を指定して与えなければなりません。ただし、労働者の時季指定や計画的付与により取得された日数分について指定する必要はありません

解説

使用者は、付与される年次有給休暇の日数が10日以上の労働者

①労働基準法の改正

図表8　これまでの年次有給休暇制度の概要

年次有給休暇

○趣旨

　労働者の心身の疲労を回復させ、労働力の維持培養を図るため、また、ゆとりある生活の実現にも資するという位置づけから、法定休日のほかに毎年一定日数の有給休暇を与える制度

○法的性格

　年次有給休暇の権利は、労働者が客観的要件（以下参照）を充足することによって「法律上当然に」発生する権利であり、労働者が年次有給休暇の「請求」をしてはじめて生ずるものではない。（白石営林署事件最高裁判決　昭和48年3月2日）

○要件・効果

　①雇い入れの日から起算して6カ月継続勤務し、

　②全所定労働日の8割以上を出勤

した労働者に対して、10労働日の年次有給休暇が与えられる。

　その後、勤続勤務年数1年ごとに下表の日数の年次有給休暇が与えられる。

　なお、年次有給休暇は、発生日から起算して2年間の消滅時効に服する。

継続勤務年　　数	1　年6カ月	2　年6カ月	3　年6カ月	4　年6カ月	5　年6カ月	6　年6カ月以上
付与日数	11日	12日	14日	16日	18日	20日

年次有給休暇の取得時季

○原則

　労働者がその有する休暇日数の範囲内で、その具体的な休暇の時季を特定する「時季指定」を行うことにより、年次有給休暇が成立し、当該労働日における就労義務が消滅。

　つまり、労働者の具体的な「時季指定」がない限りは、使用者は年次有給休暇を与えなくても法違反とならない。

○例外

　①労働者の指定する時季に休暇を与えることが事業の正常な運営を妨げる場合、使用者に「時季変更権」が認められる。

　②労使協定で定めをした場合、年次有給休暇のうち5日を超える部分について「計画的付与」が認められる。

資料出所：厚生労働省「『労働基準法等の一部を改正する法律案』について」を基に労務行政が一部加工して作成

改正法の主な内容と解説

図表9　年次有給休暇の時季指定

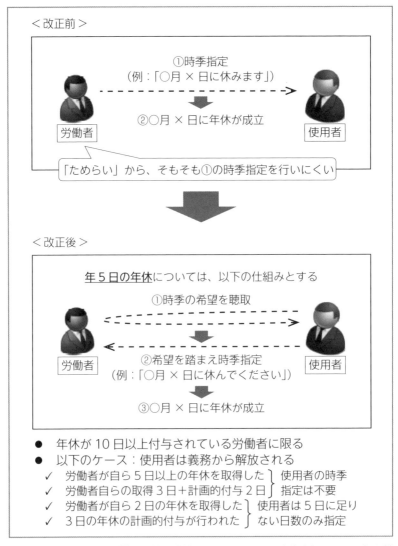

資料出所：厚生労働省「『労働基準法等の一部を改正する法律案』について」を基に労務行政が一部加工して作成

①労働基準法の改正

について、基準日（法定有給休暇の付与日［入社後6カ月が経過した日から1年ごとの日］）から1年以内に、付与された有給休暇のうち5日分を時季を定めて与えなければならないこととされました（労働基準法39条7項）[図表9]。なお、基準日を法定の基準より繰り上げて設定した場合、いつまでに時季を定めて取得させなければならないかは、厚生労働省令により定めることとされています。

　ただし、労働者が時季指定した場合や計画的付与がなされた場合、それらの日数の合計を上記の「5日」から控除することが可能とされています（同条8項）。

　また、今後示される厚生労働省令において、

①使用者が時季を定めるに当たっては、労働者に対して時季に関する意見を聴くこと

②労働者の意思を尊重するよう努めなければならないこと

③各労働者の年次有給休暇の取得状況を確実に把握するため、使用者は年次有給休暇の管理簿を作成しなければならないこと

　　——が定められる予定です。

　施行日は平成31（2019）年4月1日です。なお、経過措置として、4月1日以外の日が基準日である労働者に係る有給休暇については、上記の施行日後の最初の基準日の前日までの間は、上記改正は適用しないとされています（改正附則4条）。

　また、使用者がこの年次有給休暇の付与義務（労働基準法39条7項）に違反した場合は、30万円以下の罰金に処せられることとなりました（労働基準法120条1号）。

実務 ポイント

　本改正により、多くの労働者について、使用者は年次有給休暇を付与してから1年以内に5日分について時季を指定して付与することが必要になりました。

時季指定の時期や方法等については、まだ詳細が明らかになっていませんが、労働者が自主的に年次有給休暇を取得しないような場合で、使用者が計画的な時季指定を怠ると、時季指定の期限直前に多数の労働者に一斉に年次有給休暇を取得させなければならないことになりかねないため、注意が必要です。事業の運営に支障を来すことのないよう、労働者による自主的な年次有給休暇取得の促進や、計画的付与制度の活用など、計画的に年次有給休暇を取得させるべきです。

Q1：「労働者ごとに」とは、労働者一人ひとり違う日を設定しなければならないということでしょうか

A1：「労働者ごとに」とは、労働者一人ひとりについて、それぞれ有給休暇を時季を指定して与えなければならないという意味ですが、労働者ごとに違う日を指定しなければならないという意味ではなく、同じ日を指定することも可能と考えられます。

　もっとも、上記のとおり、使用者が時季を定めるに当たっては、労働者に対して時季に関する意見を聴き労働者の意思を尊重するよう努力する義務が定められる予定ですので、労働者の意向を何ら顧みることなく、すべての労働者について一律に時季を指定するようなことは避けるべきです。仮に、すべてまたは一部の労働者について一律に時季を指定して有給休暇を付与したいのであれば、有給休暇の計画的付与の仕組みを用いるべきと考えられます。

Q2：時季指定による年休日に出勤した場合、新たな付与義務が発生するのでしょうか

A2：年次有給休暇は、労働者が原則として1日単位で労働を

離れて休息することが目的ですので、年休日に労働者が出勤した場合、その日については年休を取得しなかったことになり、新たな付与義務が発生すると考えられます。報道（朝日新聞　2018年7月19日朝刊）によれば、厚生労働省の労働政策審議会労働条件分科会（2018年7月18日　第144回）において、同省担当者より、企業側が年休の消化日を指定したのに従業員が従わずに働いた場合、消化させたことにはならないとの見解が示されたということです。

そのため、事業主としては、時季指定日に労働者が実際に休暇を取得しているか確認する体制を整えるとともに、従業員が勝手に出勤をしてしまうといった事態が生じないよう、業務について実質的な配慮を行うことが望ましいと考えられます。

4. フレックスタイム制の見直し（平成31［2019］年4月1日施行）
［1］清算期間の上限の延長

改正のポイント

フレックスタイム制の清算期間の上限が、1カ月から3カ月に延長されました

改正前
- フレックスタイム制の清算期間の上限は1カ月
- 労使協定での定めは必要だが、行政官庁への届け出は不要

改正後
- フレックスタイム制の清算期間の上限は3カ月
- 1カ月を超える期間を清算期間と定めた場合、1カ月ごとの平均労働時間が週50時間を超えたとき、法定の割増賃金を支払わなければなら

> ない
> ・清算期間が1カ月を超える場合には、フレックスタイム制の労使協定の行政官庁への届け出を義務づける

フレックスタイム制では、①対象となる労働者の範囲、②清算期間、③清算期間における起算日、④清算期間における総労働時間を労使協定で定めることとなっていますが、②清算期間の上限が従来の1カ月（労働基準法32条の3）から3カ月に延長されました（労働基準法32条の3第1項2号）[図表10]。

清算期間が1カ月を超える場合には、当該清算期間をその開始の日以後1カ月ごとに区分した期間ごとに各期間を平均し、1週間当たりの労働時間が50時間を超えない範囲内で労働させることができるとし、50時間を超えた分は、法定の割増賃金を支払う必要があるとされました（労働基準法32条の3第2項）[図表11]。

なお、1週間当たりの労働時間が50時間を超えない場合でも、清算期間の終了時、清算期間に係る実労働時間が法定労働時間を超えていた場合は、超えた分について割増賃金の支払いを要することに注意が必要です[図表12]。

また、清算期間が1カ月を超える場合のフレックスタイム制の労使協定は、行政官庁に届け出るものとされました（労働基準法32条の3第4項）。

さらに、清算期間が1カ月を超える場合で、労働させた期間が清算期間より短い場合（例えば、清算期間の途中で入社・退職した場合）には、当該労働者を労働させた期間を平均し1週間当たり40時間を超えて労働させたときは、その超えた時間について法定割増賃金の例により割増賃金を支払わなければならないものとされ

①労働基準法の改正

図表10　フレックスタイム制における清算期間の上限の延長

[改正前]

- フレックスタイム制とは、「清算期間」(最長1カ月)で定められた所定労働時間の枠内で、労働者が始業・終業時刻を自由に選べる制度。結果的に、労働時間が長い日もあれば、短い日もある。
- このため、労働者は、「清算期間」における所定労働時間に達するよう、労働時間を調整して働く(法定労働時間の枠を超えれば割増賃金が発生)。

 「清算期間」が最長1カ月なので、労働者は、1カ月の中での生活上のニーズに対応することはできるが、1カ月を超えた労働時間の調整はできない。

[改正後]

- 「清算期間」を最長3カ月に延長し、より柔軟な働き方を可能とする。
- 例えば、「6・7・8月の3カ月」の中で労働時間の調整が可能となるため、子育て中の親が8月の労働時間を短くすることで、夏休み中の子どもと過ごす時間を確保しやすくなる。
- ただし、各月で週平均50時間(時間外労働が月45時間弱となる時間に相当)を超えた場合は、使用者はその各月で割増賃金を支払う必要。

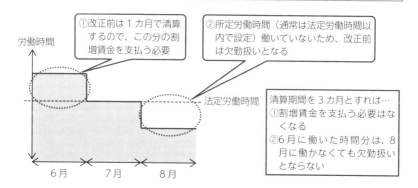

資料出所：厚生労働省「『労働基準法等の一部を改正する法律案』について」を基に労務行政が一部加工して作成

ました(労働基準法32条の3の2)。これは、1年単位の変形労働時間制の対象労働者における割増賃金の支払い(労働基準法32条

改正法の主な内容と解説

図表11　清算期間を3カ月とした場合（原則40時間の場合）

月（暦日数）	法定労働時間	実労働時間	割増賃金対象時間
4月（30日）	171.4 時間	240 時間	18.6 時間
5月（31日）	177.1 時間	160 時間	0 時間
6月（30日）	171.4 時間	119.9 時間	0 時間

［注］　清算期間内の実労働時間が法定労働時間の範囲内に収まっている場合でも、実労働時間が1週平均50時間を超えた月については、超えた分について割増賃金対象となる。

図表12　1週間当たりの労働時間が50時間を超えない場合で清算期間の総枠を超えていた場合

月（暦日数）	法定労働時間	実労働時間	割増賃金対象時間
4月（30日）	171.4 時間	180 時間	0 時間
5月（31日）	177.1 時間	180 時間	0 時間
6月（30日）	171.4 時間	180 時間	20.1 時間

［注］　清算期間の終了時に、実労働時間が法定労働時間を超えている場合は、超えた分について、割増賃金の対象となる。

の4の2）と同様のルールを適用することとしたものです。

[2] フレックスタイム制が適用される週所定労働日数が5日である労働者の法定労働時間の計算方法

改正のポイント

　週所定労働日数が5日である労働者の労働時間については、曜日等の巡り次第で、1日8時間相当の労働でも法定労働時間の総枠を超え得るという課題を解消するため、労使協定により、清算期間を平均し、1週間当たりの労働時間が当該清算期間の日数を7で除した数をもって、その時間を除して得た時間を超えない範囲内で労働させることができるとされました。

改正前　行政通達によって、一定の要件を満たす場合に限り、清算期間の週平均労働時間の算定について、清算期間の月の最初の4週間とその次の1週間

①労働基準法の改正

改正後
の計5週間を基準にできる

法律（労働基準法）によって、労使協定の締結により、1週間当たりの労働時間が当該清算期間の日数を7で除した数をもってその時間を除して得た時間を超えない範囲内で労働させることができる

　フレックスタイム制における月の法定労働時間は、[図表13]の条件式を満たす必要がありますが、完全週休2日制を採用している事業所がフレックスタイム制を採用した場合、1日の労働時間が1日の法定労働時間（8時間）に収まっている場合でも、曜日等の巡りにより、月の法定労働時間を超えてしまうことが問題視されていました。

　例えば、暦日が31日の月では、月の法定労働時間は177.1時間になりますが、土曜日・日曜日を休日とする完全週休2日制を採用した事業所において、月曜日から月が始まる場合、月の出勤日は23日となり、1日8時間勤務した場合、月の実労働時間が184時間となって、法定労働時間を超えてしまいます。

　そのため、これまでは行政通達（平9.3.31　基発228）により、以下の四つの要件を満たす場合は、清算期間として定められた期間を平均した1週間の労働時間の計算について、すなわち、清算期間の月の最初の4週間と特定期間（月の最後の翌月にまたがる週）の合計5週間の労働時間を平均した時間を用いることが認められていました。

図表13　フレックスタイム制における月の法定労働時間の算式

$$\text{清算期間における総労働時間} \leq \frac{\text{清算期間の暦日数}}{7\text{日}} \times 1\text{週間の法定労働時間}$$

69

①清算期間を1カ月とするフレックスタイム制の労使協定が締結されていること

②清算期間を通じて毎週必ず2日以上休日が付与されていること

③清算期間の29日目を起算日とする1週間におけるこの労働者の実際の労働日ごとの労働時間の和が労働基準法32条1項に規定する週の法定労働時間（40時間）を超えないこと

④清算期間における労働日ごとの労働時間がおおむね一定であること。したがって、完全週休2日制の採用事業場における清算期間中の労働日ごとの労働時間については、おおむね8時間以下であること

今回の法改正では、上記の行政通達による取り扱いを変更し、労使協定により、清算期間の所定労働日数に8時間を乗じて得た時間を労働時間の限度とする旨を定めたときは、清算期間を平均し、1週間当たりの労働時間が当該清算期間の日数を7で除した数をもってその時間を除して得た時間を超えない範囲内で労働させることができるとされました（労働基準法32条の3第3項）。

例えば、清算期間の日数が31日、所定労働日数が23日の場合、「当該清算期間における所定労働日数に8時間を乗じて得た時間」は23日×8時間＝184時間となり、これを「当該清算期間における日数を7で除した数」である31日÷7＝4.43で除して算出した、週平均41.5時間［184時間÷4.43］まで労働させることができることになります。

[3] その他

使用者が、清算期間が1カ月を超える場合のフレックスタイム制の労使協定の届出義務（労働基準法32条の3第4項）に違反した場合には、30万円以下の罰金に処せられることとなりました（労働基準法120条1号）。

また、「今後の労働時間法制等の在り方について（建議）」（平

27.2.13 労審発777）によると、以下の各事項について、行政通達に盛り込まれる可能性が高いと考えられます。

・「今般の清算期間の上限の延長は、仕事と生活の調和を一層図りやすくするための改正である」という趣旨であること
・「清算期間が1か月を超え3か月以内のフレックスタイム制においては、労働者が自らの各月の時間外労働時間数を把握しにくくなることが懸念されるため、使用者は、労働者の各月の労働時間数の実績を通知等することが望ましい」こと
・「清算期間が1か月を超え3か月以内の場合、上記の1週平均50時間を超える労働時間という考え方を前提に月60時間を超えた労働時間に対する割増賃金率の適用があること」
・「3か月以内の清算期間を通じた清算を行う場合においても月60時間相当の時間を超えた労働時間についての対応が必要になること」
・「月当たり一定の労働時間を超える等の要件を満たす場合に医師による面接指導等の実施が必要となることは同様であることも踏まえつつ、長時間労働の抑制に努めることが求められる」こと

同建議では、フレックスタイム制が、始業および終業の時刻を労働者の決定に委ね、仕事と生活の調和を図りながら効率的に働くことを可能にするものであるという制度趣旨を行政通達においてあらためて示し、使用者が各日の始業・終業時刻を画一的に特定するような運用は認められないことを徹底することも求めています。

実務 ポイント ･･●

新たに設けられた清算期間を1〜3カ月とするフレックスタイム制では、清算期間の途中であっても、実労働時間が週平均50時間を超える分については割増賃金の支払いが必要とされています。

そのため、本制度を導入する場合は、各月の労働時間を適切に把握し、上限を超過した場合に割増賃金の未払いを生じないよう注意

する必要があります。

　他方、清算期間における法定労働時間を超えた労働時間については、別途割増賃金の支払いが必要ですので、この点についても失念しないよう、留意しなければなりません。

Q1：3カ月を清算期間とするフレックスタイム制の場合、清算期間の総労働時間数が法定労働時間を下回った場合、賃金控除の計算はどのようにすればよいのでしょうか

A1：原則としては、最後の月の賃金から、不足分の賃金を控除することになると考えられます。

　ただ、控除すべき金額が最後の月の賃金額を超える場合は、厚生労働省通達（昭63.1.1　基発1、婦発1）により、「清算期間における実際の労働時間に不足があった場合に、総労働時間として定められた時間分の賃金はその期間の賃金支払日に支払うが、それに達しない時間分を、次の清算期間中の総労働時間に上積みして労働させること」は可能であるとされていますので、この繰り越しで対応することになるでしょう。

　ただし、上記の繰り越しにより、次の清算期間中の労働時間のうち法定労働時間を超える部分は、時間外労働として割増賃金（25％）の支払い義務が生じます。

　そのため、実務的な対応としては、最後の月の賃金で控除できないほど大幅な労働時間の不足が見込まれる場合は、フレックスタイム制の適用を中止できるよう、フレックスタイム制の労使協定に定めておくことが望ましいといえます。

Q2：フレックスタイム制の清算期間を3カ月とした場合に、時間外労働の上限規制を超えて労働させることは可能でしょ

①労働基準法の改正

うか

A2：フレックスタイム制の定めは、あくまでも労働基準法32条の1日および1週における法定労働時間の定めの例外であり、同法36条の時間外労働の定めに関する例外ではありません。

そのため、仮に清算期間を3カ月とするフレックスタイム制を導入した場合でも、時間外労働の上限規制を超過するような時間外労働をさせることは、許されません。

なお、先の［図表11］（68ページ）の事例のように、清算期間の1カ月目において時間外労働の上限規制（45時間）を超過するような時間外労働をしたものの、残りの2カ月の労働時間が少なく、清算期間を通してみると時間外労働の上限規制に違反しない場合は、許容されると考えられます。

労働基準法32条の3第2項は、1カ月ごとに区分した期間について、1週間当たりの労働時間が50時間を超えた分（月の時間外労働時間がおおむね45時間を超えた分）について、法定の割増賃金を支払う必要があることを定めており、1カ月を超える清算期間を定めた場合において、清算期間の途中で時間外労働の上限規制を超える時間外労働がなされることを想定していると思われます。

5. 特定高度専門業務・成果型労働制（高度プロフェッショナル制度）の創設（平成31［2019］年4月1日施行）

改正のポイント

「高度プロフェッショナル制度」が創設されました

| 改正前 | 特に規定なし |

>
> 改正後
>
> ①高度の専門性を必要とし、労働時間と成果との関連性が高くない業務に従事し、②一定の年収要件を満たす労働者に対して、③健康確保措置を講じること、④労使委員会の決議や本人の同意等を要件として、労働時間・休憩・休日・深夜割増賃金に係る労働基準法上の規定を適用除外とする制度（高度プロフェッショナル制度）の導入が可能に

解説

「高度プロフェッショナル制度」とは、業務に従事した時間と成果との関連性が強くないと思われる高度に専門的な業務に従事し、かつ、報酬が所定の基準を満たす高額な者について、労使委員会の決議および労働者の書面による同意を要件として、労働基準法第4章（32～41条）に定める労働時間・休憩・休日・深夜割増賃金に関する労働基準法の規定の適用対象外とする制度です（労働基準法41条の2第1項）。

今回の法改正で創設される「高度プロフェッショナル制度」については、対象業務や対象労働者、健康確保措置、制度導入の手続き等が具体的に定められています［図表14］。

(1) **対象業務**

対象業務については、「高度の専門的知識等を必要とし、その性質上従事した時間と従事して得た成果との関連性が通常高くないと認められるものとして厚生労働省令で定める業務のうち、労働者に就かせることとする業務」とされています（労働基準法41条の2第1項1号）。

「今後の労働時間法制度の在り方について（建議）」（平27.2.13

①労働基準法の改正

図表 14　高度プロフェッショナル制度の創設

1. 対象者
　職務の範囲が明確で一定の年収（少なくとも 1000 万円以上）を有する労働者
2. 対象業務
　高度の専門的知識を必要とする等の業務
3. 健康確保措置（平成 27 年法案からの修正点）
　年間 104 日の休日確保措置を義務化。加えて、①インターバル措置、②1カ月または 3 カ月の在社時間等の上限措置、③2 週間連続の休日確保措置、④臨時の健康診断のいずれかの措置の実施を義務化（選択的措置）
　また、制度の対象者について、在社時間等が一定時間を超える場合には、事業主は、その者に必ず医師による面接指導を受けさせなければならないこととする（労働安全衛生法の改正）

資料出所：厚生労働省「働き方改革を推進するための関係法律の整備に関する法律の概要」を基に労務行政が一部加工して作成

　労審発 777）では、具体的な案として、金融商品の開発業務、金融商品のディーリング業務、アナリストの業務（企業・市場等の高度な分析業務）、コンサルタントの業務（事業・業務の企画運営に関する高度な考案または助言の業務）、研究開発業務が挙げられています。

⑵対象労働者の基準

　以下の二つの基準を共に満たすことが必要とされています（労働基準法 41 条の 2 第 1 項 2 号）。

①使用者との間の書面その他の厚生労働省令で定める方法による合意に基づき職務が明確に定められていること

②労働契約により使用者から支払われると見込まれる賃金の額を 1年間当たりの賃金の額に換算した額が厚生労働省令で定める額以上であること

　なお、「厚生労働省令で定める額」とは、「基準年間平均給与額（厚生労働省において作成する毎月勤労統計における毎月きまって支給する給与の額を基礎として厚生労働省令で定めるところにより算定した労働者 1 人当たりの給与の平均額をいう。）の 3 倍の額を相当

75

程度上回る水準」とされており、今回の法律案の概要資料では「少なくとも 1,000 万円以上」、先の建議では、「労働基準法第 14 条に基づく告示の内容（1075 万円）」を参考にするものとされています。

(3)制度導入の手続き

　制度導入に必要な手続き要件としては、①労使委員会の決議と行政官庁への届け出、②対象労働者の書面等による合意が必要です。

①労使委員会の決議と行政官庁への届出

　労使委員会は、使用者およびその事業場の労働者を代表する者を構成員とするものに限ります。労使委員会では、以下の 10 点について、委員の 5 分の 4 以上の多数で決議することが必要とされています（労働基準法 41 条の 2 第 1 項）。このうち、下記の❸～❺までの措置を使用者が講じていない場合は、高度プロフェッショナル制度の適用はできません（同項ただし書き）。

　なお、決議に際しては、決議の内容が企画業務型裁量労働制に関する指針（平 11.12.27　労告 149、最終改正：平 15.10.22　厚労告 353）に適合したものになるようにしなければならず（労働基準法 41 条の 2 第 4 項）、行政官庁は、同指針について、委員に必要な助言指導を行うことができる（労働基準法 41 条の 2 第 5 項）とされています。

❶対象業務の内容（労働基準法 41 条の 2 第 1 項 1 号）

❷対象労働者の範囲（労働基準法 41 条の 2 第 1 項 2 号）

❸対象業務に従事する対象労働者の健康管理を行うために、「対象労働者が事業場内にいた時間（労使委員会が厚生労働省令で定める労働時間以外の時間を除くことを決議したときは、当該決議に係る時間を除いた時間）」と「事業場外において労働した時間」との合計時間（健康管理時間）を把握する措置（労働基準法 41 条の 2 第 1 項 3 号）

❹対象労働者に対し、年 104 日以上、かつ、4 週間を通じて 4 日以上の休日を当該決議および就業規則その他これに準ずるもので

①労働基準法の改正

定める措置（労働基準法41条の2第1項4号）

❺対象労働者に対し、決議および就業規則その他これに準ずるもので定めた以下のいずれかの措置（労働基準法41条の2第1項5号　選択的措置）

㈤労働者ごとに始業から24時間を経過するまでに厚生労働省令で定める時間以上の継続した休息時間を確保し、かつ、深夜業の回数を1カ月について厚生労働省令で定める回数以内とすること

㈭健康管理時間を1カ月または3カ月についてそれぞれ厚生労働省令で定める時間を超えない範囲内とすること

㈨1年に1回以上の継続した2週間（労働者が請求した場合においては、1年に2回以上の継続した1週間）の休日（使用者がその期間において、年次有給休暇を与えたときは、その有給休暇を与えた日を除く）を与えること

㈥健康管理時間の状況その他の事項が労働者の健康の保持を考慮して厚生労働省令で定める要件に該当する労働者に健康診断（厚生労働省令で定める、疲労の蓄積の状況および心身の状況等に関する項目を含むもの）を実施すること

❻対象労働者の健康管理時間の状況に応じた健康および福祉を確保するための措置であって、対象労働者に対する有給休暇（年次有給休暇を除く）の付与、健康診断の実施その他の厚生労働省令で定める措置のうち当該決議で定めるもの（労働基準法41条の2第1項6号）

❼対象労働者のこの項の規定による同意の撤回に関する手続き（労働基準法41条の2第1項7号）

❽対象労働者からの苦情の処理に関する措置
（労働基準法41条の2第1項8号）

❾使用者は同意をしなかった対象労働者に対して解雇その他不利益な取り扱いをしてはならないこと（労働基準法41条の2第1項

77

9号）

❿その他厚生労働省令で定める事項（労働基準法41条の2第1項
　10号）

　使用者は、厚生労働省令で定めるところにより、決議の内容を行
政官庁に届け出る（労働基準法41条の2第1項）とともに、厚生
労働省令で定めるところにより決議❹から❻までの実施状況を、行
政官庁に報告しなければなりません（労働基準法41条の2第2項）。
報告時期については、前述の建議では6カ月後とされています。

②対象労働者の書面による合意

　高度プロフェッショナル制度を適用する場合には、対象労働者か
ら書面その他の厚生労働省令で定める方法による同意を得なければ
なりません。前述の建議では、「法律上、対象労働者の範囲に属す
る労働者ごとに、職務記述書等に署名等する形で職務の内容及び制
度適用についての同意を得なければならないこととし、これにより、
希望しない労働者に制度が適用されないようにすることが適当」と
されています。

⑷医師による面接指導の義務づけ（労働安全衛生法の改正）

　高度プロフェッショナル制度の対象労働者については、健康管理
時間が厚生労働省令で定める時間（1週間当たり40時間を超えた
場合のその超えた時間が1カ月当たり100時間とされる見通しで
す）を超える労働者に対し、事業者は、医師による面接指導を行わ
なければなりません。この実施義務に違反した事業者には罰則が科
されます。また、対象労働者に対してもこの医師による面接指導を
受けることが義務づけられています（詳細については後述❷1.[1]
面接指導義務［82ページ］参照）。

⑸その他

　本制度は、満18歳に満たない者へは適用されないものとされて
います（労働基準法60条1項）。

　また、前述の建議では、「労使委員会において対象労働者を決議

するに当たっては、本制度の対象となることによって賃金が減らないよう、法定指針に明記することが適当である」とされています。法案成立後に策定される指針において、上記の内容が定められることが予想されます。

実務 ポイント ••

　本制度は、業務に従事した時間と成果との関連性が強くないと思われる高度に専門的な業務に従事し、かつ、所定の基準を満たす高額な報酬を受けている者について、労使委員会の決議および労働者の書面による同意を要件として、労働時間に関する労働基準法の規定の適用対象外とするものです。

　制度の導入を検討する場合は、企業としては、対象業務の範囲が限定されており、単に基準以上の報酬を支払っているという一事をもって本制度が適用されるわけではないことに留意する必要があります。また、この制度は本人の書面等による同意を要件としているところ、後になって同意の有効性に疑義が生じないよう、適用対象となることによる労働条件の変化（メリット・デメリット）について書面等で説明し、熟慮の期間を与えるといった慎重な手続きを取ることが望ましいと考えられます。

　本制度の効力が認められなかった場合、対象労働者の報酬基準が高額であることから、多額の割増賃金を支払わなければならなくなるリスクがあるため、制度の導入を検討する場合は、対象労働者について、個別に慎重な検討を行い、確実に同意を得ることが必要です。

　また、平成30（2018）年6月28日の参議院の附帯決議によれば、労働基準監督署が、本制度を導入するすべての企業を訪問し、監督指導を行う予定であるということです。本制度については、社会的にも注目が集まっており、かつ、濫用のおそれが強く懸念されているところであり、不十分な制度設計を行ってしまい労働基準監督署

の是正勧告等を受けたことが報道された場合、企業イメージに多大な悪印象が生じるおそれがあると思われますので、この点からも慎重な検討が望まれます。

Q1：高度プロフェッショナル制度について、「残業代ゼロ制度」と聞いたことがありますが、対象労働者に適用された場合には、割増賃金が支払われないということでしょうか

A1：本制度が適法に適用された場合、法定割増賃金の根拠となる労働基準法3条～37条の各規定はいずれも適用されませんので、賃金規程等で別途割増賃金の定めをしていない限り、割増賃金は支払われないことになります。

Q2：本制度による「メリット・デメリット」を具体的に教えてください

A2：本制度のメリット・デメリットとしては、以下のようなものが考えられます。

（メリット）

・労働時間・休日・休憩・深夜労働時間に関する労働基準法の規定が適用されないため、既存の規制にとらわれない柔軟な労働時間の設定が可能になります。

・特に、法定割増賃金に係る規定が適用されないため、成果にリンクした賃金設定をすることが容易になります。すなわち、従前は、労働時間に応じて法定割増賃金を支払う必要があるため、法定割増賃金の基礎となる基本給を高く設定すると、期待していた成果を上げられなかったにも関わらず労働時間だけが長くなったような場合、基本給に加えて高額な割増賃金を支払わなければならなくなることから、そのような基本給の設定が躊躇される場合がありまし

た。本制度を適用すれば、法定割増賃金について考慮しないことが可能なため、より成果に期待して高額な基本給を設定しやすくなります。

・法定割増賃金の規定が適用されないため、給与計算の負担が軽減されます。

（デメリット）

・手続きが複雑であり、対象業務の基準も厳格に設定されているため、慎重に検討を行った上で設定をしないと、制度が無効とされるリスクがあります。無効となった場合、高額な法定割増賃金を支払わなければならないおそれが生じます。

・現在、「残業代ゼロ制度」などと批判がなされており、本制度を導入することについて報道等の対象とされた場合、制度を適切に運用しているか否かにかかわらず、いわゆるブラック企業であると誤解され、またはネガティブな宣伝の対象とされるおそれがあります。

・本制度については、労働者の側から適用を解除できる仕組みを設けなければならないこととされています。そのため、解除された場合に備えて、あらかじめ賃金制度等を設定する必要があり、制度設計が複雑になり、かつ労力を要します。

改正法の主な内容と解説

2 労働安全衛生法の改正

1. 面接指導等（平成31［2019］年4月1日施行）
[1] 面接指導義務

改正のポイント

事業者に対し、下記「改正後」の対象労働者について、医師による面接指導の実施を法律で義務づけました

改正前 特に規定なし

改正後 事業者に対し、以下の労働者を対象に、医師による面接指導の実施を法律上義務づけ
① 新たな技術、商品または役務の研究開発に係る業務に従事する労働者で、時間外・休日労働が月当たり100時間を超える者
② 特定高度専門業務・成果型労働制（高度プロフェッショナル制度）の対象者で、健康管理時間が1週間当たり40時間を超えた場合のその超えた時間が月100時間を超える者

解説

　これまでも、長時間労働者（休憩時間を除き1週間当たり40時間を超えて労働させた場合におけるその超えた時間が1カ月当たり100時間を超え、かつ、疲労の蓄積が認められる者）への医師による面接指導制度が設けられていました（労働安全衛生法66条

82

の 8、同規則 52 条の 2）が、一定の要件に該当する労働者の申し
出を実施の前提としていました（労働安全衛生規則 52 条の 3 第 1
項）［図表 15］。

⑴面接指導の対象・要件

　今回の改正で、①新たな技術、商品または役務の研究開発に係る
業務に従事する労働者および②高度プロフェッショナル制度の対象
労働者について、労働時間（②の対象労働者については健康管理時
間）が厚生労働省令で定める時間を超えた場合、一律に医師による
面接指導の対象とされました（労働安全衛生法 66 条の 8 の 2、同
法 66 条の 8 の 4）。厚生労働省令で定める時間については、①の
対象者については時間外・休日労働が 100 時間超、②の対象者に
ついては健康管理時間が 1 週 40 時間を超えた場合のその超えた時
間が 100 時間超とされる見通しです。

　この要件に該当した場合は、事業者は、労働者の申し出を待つこ
となく、医師による面接指導を実施しなければなりません。また、
事業者は面接指導の結果を記録しておくことが必要となっていま
す（労働安全衛生法 66 条の 8 の 2 第 2 項・同法 66 条の 8 の 4 第
2 項による同法 66 条の 8 第 3 項の準用）。この医師による面接指
導の実施義務に違反した事業者には、刑事罰（50 万円以下の罰金。
労働安全衛生法 120 条）が科されます。

　一方、対象労働者に対してもこの医師による面接指導を受けるこ
とが義務づけられています（労働安全衛生法 66 条の 8 の 2 第 2 項・
同法 66 条の 8 の 4 第 2 項による同法 66 条の 8 第 2 項の準用）。

⑵事業者が講ずる措置

　さらに、事業者は、⒜面接指導の結果に基づく必要な措置につい
ての医師の意見の聴取（労働安全衛生法 66 条の 8 の 2 第 2 項・同
法 66 条の 8 の 4 第 2 項による同法 66 条の 8 第 4 項の準用）、⒝
必要がある場合には、上記①は、就業場所・職務内容の変更、上記
②は職務内容の変更、⒞有給休暇（年次有給休暇を除く）の付与、

図表15　長時間労働者への医師による面接指導制度

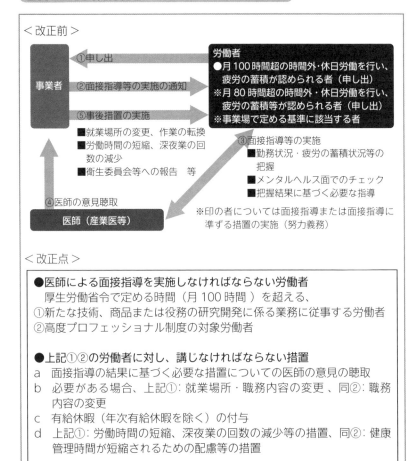

資料出所：厚生労働省「過重労働による健康障害を防ぐために」を基に労務行政が一部加工して作成

(d)①は労働時間の短縮、深夜業の回数の減少等の措置、②は健康管理時間が短縮されるための配慮等の措置を講じなければならない

②労働安全衛生法の改正

ものとされています（労働安全衛生法 66 条の 8 の 2 第 2 項・同法
66 条の 8 の 4 第 2 項による同法 66 条の 8 第 5 項の準用）。

[2] 労働者の申し出による面接指導の対象拡大

改正のポイント

労働者の申し出による面接指導の実施要件である時間外・休
日労働時間数は、「月 100 時間超」から「月 80 時間超」に引き下
げられる予定です

労働安全衛生法 66 条の 8、同規則 52 条の 2 により、「休憩時間
を除き 1 週間当たり 40 時間を超えて労働させた場合におけるその
超えた時間が 1 月当たり 100 時間を超え」た場合は、事業者は産
業医に当該労働者の氏名および超過した時間を提供しなければなら
ず、かつ、その労働者について「疲労の蓄積が認められる」場合は、
労働者は自ら申し出ることにより、医師による面接指導を受けるこ
とができるとされています（前掲［図表 15］）。

今回の改正では、この面接指導の要件となる週の法定労働時間を
超過した時間数（時間外・休日労働時間数）について、1 カ月当た
り 100 時間超から、現行では努力義務である 80 時間超に引き下げ
られます（厚生労働省令の改正を予定）。

[3] 労働時間の状況の把握

改正のポイント

事業者は、厚生労働省令で定める方法により、労働者の労働
時間の状況を把握しなければなりません

今回の改正では、労働安全衛生法の医師による面接指導制度を実

85

施するため、事業者に対し、労働者の労働時間の状況を把握することを義務づけています（労働安全衛生法66条の8の3）。労働時間の状況を把握する方法は、客観的な方法（タイムカードやパソコンの起動時間等）その他適切な方法とされる見通しです（省令事項）。

また「今後の労働時間法制等の在り方について（建議）」（平27.2.13　労審発777）では、「管理監督者について、自らが要件に該当すると判断し申し出た場合に面接指導を実施することとしている現行の取扱いを、客観的な方法その他適切な方法によって把握した在社時間等に基づいて要件の該当の有無を判断し、面接指導を行うものとすることを通達に記載することが適当」としています。建議のとおり行政通達に記載されれば、実務上の取り扱いに影響を及ぼすもので注意が必要です。

労働時間の適正な把握については、平成29年1月20日、厚生労働省が「労働時間の適正な把握のために使用者が講ずべき措置に関するガイドライン」（平29.1.20　基発0120第3）を策定しました［図表16］。

実務 ポイント

「新たな技術、商品または役務の研究開発に係る業務」に従事する労働者や「高度プロフェッショナル制度」の対象労働者については、労働時間が長時間になりやすいことが想定され、注意が必要です。長時間労働に伴う労災事故の発生や安全配慮義務違反による損害賠償のリスクを低下させるためには、労働時間や健康管理時間を適切に把握するとともに、所定の要件に該当する場合には必ず医師による面接指導を実施することが肝要です。その上で、医師から労働条件に関する意見が出された場合には、その意見を踏まえ、労働条件の変更の要否について真摯に検討することが必要です。

②労働安全衛生法の改正

図表16 「労働時間の適正な把握のために使用者が講ずべき措置に関するガイドライン」のポイント

[労働時間の考え方]
○ 労働時間とは使用者の指揮命令下に置かれている時間であり、使用者の明示又は黙示の指示により労働者が業務に従事する時間は労働時間に当たること
○ 例えば、参加することが業務上義務づけられている研修・教育訓練の受講や、使用者の指示により業務に必要な学習等を行っていた時間は労働時間に該当すること

[労働時間の適正な把握のために使用者が講ずべき措置]
○ 使用者は、労働者の労働日ごとの始業・終業時刻を確認し、適正に記録すること
(1) 原則的な方法
　・使用者が、自ら現認することにより確認すること
　・タイムカード、ICカード、パソコンの使用時間の記録等の客観的な記録を基礎として確認し、適正に記録すること
(2) やむを得ず自己申告制で労働時間を把握する場合
　① 自己申告を行う労働者や、労働時間を管理する者に対しても自己申告制の適正な運用等ガイドラインに基づく措置等について、十分な説明を行うこと
　② 自己申告により把握した労働時間と、入退場記録やパソコンの使用時間等から把握した在社時間との間に著しい乖離がある場合には実態調査を実施し、所要の労働時間の補正をすること
　③ 使用者は労働者が自己申告できる時間数の上限を設ける等適正な自己申告を阻害する措置を設けてはならないこと。さらに36協定の延長することができる時間数を超えて労働しているにもかかわらず、記録上これを守っているようにすることが、労働者等において慣習的に行われていないか確認すること
○ 賃金台帳の適正な調製
　使用者は、労働者ごとに、労働日数、労働時間数、休日労働時間数、時間外労働時間数、深夜労働時間数といった事項を適正に記入しなければならないこと

資料出所：厚生労働省「労働時間の適正な把握のために使用者が講ずべき措置に関するガイドライン」（パンフレット）

Q1：①新たな技術、商品または役務の研究開発に係る業務に従事する労働者や、②高度プロフェッショナル制度の対象労働者に対する面接指導を本人が拒否した場合、どのように対応すればよいでしょうか

A1：要件を満たした①、②の労働者について、面接指導を受けさせることは事業主の義務ですので、事業主としては、従業員が面接指導を拒否した場合でも、面接指導を受けさせずに放置することはできません。

そのため、面接指導を本人が拒否した場合、まずは面接指導を受けることは法律上労働者の義務でもあることを伝えて、面接指導を受けるよう説得します。それでも面接指導を受けることを拒否する場合は、業務命令として、面接指導を受けることを指示し、命令に反して面接指導以外の業務を行った場合は、それを業務であると認めず、懲戒処分等の対象となり得ることを警告することになります。上記を行ってもなお拒否を続ける場合は、懲戒処分（ただし、当初は軽度のもの）を行わざるをえないと考えられます。

Q2：今後、自己申告制による労働時間の把握は認められないのでしょうか

A2：上記の「労働時間の適正な把握のために使用者が講ずべき措置に関するガイドライン」でも、例外的な措置として自己申告制が認められており、自己申告制が今後一切許されなくなる可能性は低いように思われます。

しかし、同ガイドラインでは、自己申告制により労働時間を把握する場合、

①自己申告制の対象となる労働者および労働時間の管理者に対する十分な説明をすること

②入退場記録やパソコンの使用時間の記録等の実態調査を行い、労働者の申告との乖離を是正すること

③労働者が自己申告できる時間外労働の時間数に上限を設け、上限を超える申告を認めない等、適正な申告を阻害する措置を講じないこと

②労働安全衛生法の改正

——などを求めています。省令においても、使用者が労働時間を把握するのに自己申告制を用いることが認められるためには、同様の厳格な要件が課される可能性が高いと思われます。

2. 産業医・産業保健機能の強化(平成31[2019]年4月1日施行)

[1] 産業医の活動環境の整備

改正のポイント

産業医の活動環境の整備として、以下の4点を規定
①事業者は、産業医に対し、労働者の労働時間に関する情報その他の産業医が労働者の健康管理等を適切に行うために必要な情報を提供しなければならないこと
②事業者は、産業医から勧告を受けた場合は、その勧告の内容等を衛生委員会または安全衛生委員会に報告しなければならないこと
③産業医が労働者からの健康相談に応じ、適切に対応するために必要な体制の整備その他の必要な措置を講ずるように努めること
④産業医を選任した事業者は、その事業場における産業医の業務の内容等を、常時各作業場の見やすい場所に掲示し、または備え付ける等の方法で労働者に周知しなければならないこと

解説

　産業医制度は、事業場において、労働者の健康を保持するための措置、作業の管理、作業環境の維持管理、健康教育等および衛生教

89

育に関することを行う者として、必要な能力を有する医師を選任し、
労働者の健康管理等を行わせる制度です [図表 17]。

⑴情報提供義務

　従来の産業医に対する情報提供の仕組みは、[図表 18] のとおり
となっています。今回の改正で、産業医を選任した事業者は、産業
医に対し、**労働者の労働時間に関する情報その他の産業医が労働者
の健康管理等を適切に行うために必要な情報**を提供しなければなら
ないとされました（労働安全衛生法 13 条 4 項）。なお、労働安全
衛生法 13 条の 2 の定めに基づく者に労働者の健康管理等の全部ま
たは一部を行わせる場合も、事業主は同様の情報を提供することに
努めなければなりません。

　提供する情報の内容については、厚生労働省令で定められること
となっており、以下の項目が予定されています。

・労働安全衛生法 66 条の 5 第 1 項等による就業上の措置（健康診
　断の結果についての医師の意見を勘案した就業上の措置）の内容
　（措置を講じていない場合には、その旨およびその理由）

・1 週間に 40 時間を超えて労働した場合におけるその超えた時間
　が 1 カ月当たり 80 時間を超えた労働者の氏名および当該労働者
　に係る超えた時間に関する情報

・労働者の業務に関する情報であって産業医または労働安全衛生法
　13 条の 2 に規定する者が当該労働者の健康管理等を行うために
　必要と認めるもの

⑵産業医からの勧告

　産業医は、「労働者の健康を確保するため必要があると認めると
きは、事業者に対し、労働者の健康管理等について必要な勧告を
することができる」（労働安全衛生法 13 条 5 項）とされています。
これまで、事業者は、その勧告を尊重する必要がありましたが（改
正前の同条 4 項）、勧告を受けて具体的な措置を取る義務について
は、特に定めがありませんでした。

図表17 産業医制度の概要

	1～49人	50～999人	1000～3000人	3001人以上
産業医の選任義務の別	選任義務なし（医師等による健康管理等の努力義務）	産業医（嘱託可※）	産業医（専属）	2人以上の産業医（専属）

産業医の選任義務（安衛則第13条第1項）

※ただし、有害業務に500人以上の労働者を従事させる事業場においては、専属の産業医の選任が必要。

産業医の職務（安衛則第14条第1項）

次の事項で、医学に関する専門的知識を必要とするもの
❶健康診断・その結果に基づく措置
❷長時間労働者に対する面接指導・その結果に基づく措置
❸ストレスチェック、高ストレス者への面接指導・その結果に基づく措置
④作業環境の維持管理
⑤作業管理
⑥上記以外の労働者の健康管理
⑦健康教育、健康相談、労働者の健康の保持増進措置
⑧衛生教育
⑨労働者の健康障害の原因の調査、再発防止
●……具体的措置を、産業医以外の他の医師に委ねることができるもの

産業医の権能

◇事業者、総括安全衛生管理者への勧告
（安衛法第13条第5項）
◇衛生委員会における労働者の健康障害防止対策等の調査審議
（安衛則第14条第3項）
◇衛生管理者への指導、助言
（安衛則第14条第3項）
◇労働者の健康障害防止のための職場巡視及び現場における緊急的措置の実施
（安衛則第15条）

《平成29年6月施行》
◇長時間労働者等に関する情報の把握
（安衛則第51条の2、第52条の2等）

資料出所：厚生労働省「現行の産業医制度の概要等」

改正法の主な内容と解説

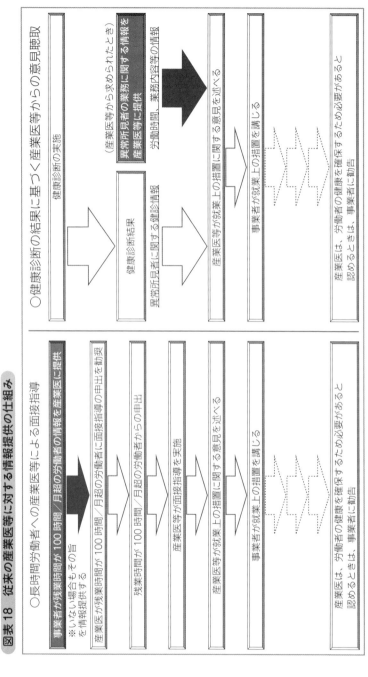

図表18 従来の産業医等に対する情報提供の仕組み

資料出所：厚生労働省「現行の産業医制度の概要等」

②労働安全衛生法の改正

　今回の改正では、産業医から勧告を受けた場合、「厚生労働省令で定めるところにより、当該勧告の内容その他の厚生労働省令で定める事項を衛生委員会又は安全衛生委員会に報告しなければならない」こととされました（同条6項）。

　一方、産業医が、勧告をしようとするときは、あらかじめ、その勧告の内容について、「事業者の意見を求めなければならない」旨が厚生労働省令で定められる予定です。

　また、事業者が産業医の勧告を受けたときは、「当該勧告の内容及び当該勧告の内容を受けて講じた措置の内容を記録し、これを保存しなければならない旨」が厚生労働省令で定められることとなっています。

(3)産業医の職務内容等の周知義務

　産業医を選任した事業者は、その事業場における産業医の業務の内容その他の産業医の業務に関する事項で、厚生労働省令で定めるものを常時各作業場の見やすい場所に掲示し、または備え付けることその他の厚生労働省令で定める方法により、労働者に周知させなければならないとされました（労働安全衛生法101条2項）。

　このうち、「その事業場における産業医の業務の内容その他の産業医の業務に関する事項で厚生労働省令で定めるもの」とは、

　　・産業医の業務の内容
　　・産業医への健康相談の申し出方法
　　・産業医の労働者の心身の状態に関する情報の取り扱い方法
　　――が予定されています。

「常時各作業場の見やすい場所に掲示し、又は備え付けることその他の厚生労働省令で定める方法」とは、

　　・常時各作業場の見やすい場所に掲示し、もしくは備え付けること
　　・書面を労働者に交付すること
　　・磁気テープ、磁気ディスクその他これらに準ずる物に記録し、

93

かつ、各作業場に労働者が当該記録の内容を常時確認できる機器を設置すること

——との、就業規則の周知と同様の方法が予定されています。

なお、産業医の選任義務を負わない事業所で、労働安全衛生法13条の2の定めに基づき、労働者の健康管理等の全部又は一部を行うものとして、医師または労働者の健康管理等を行うのに必要な知識を有する保健師を選任した場合には、本規定の周知義務が努力義務として適用されるものとされました。

⑷その他

このほか、事業者が産業医を解任したときまたは産業医が辞任したときは、その旨およびその理由を衛生委員会または安全衛生委員会に報告しなければならないことが厚生労働省令で定められる予定です。また、産業医の活動環境の整備に係る事項として、事業者が産業医に与えなければならない産業医の具体的な権限についても厚生労働省令で例示されることとなっています。

[2] 労働者の心身の状態に関する情報の取り扱い

改正のポイント

事業者は、労働安全衛生法等の規定による措置の実施に関し、労働者の心身の状態に関する情報を取り扱う際は、本人の同意がある場合等を除き、労働者の健康の確保に必要な範囲内でその情報を収集し、その収集の目的の範囲内で保管し、および使用しなければならないとされました。

事業者は、労働安全衛生法および同法に基づく命令等による措置の実施に関し、労働者の心身の状態に関する情報を収集し、保管し、または使用するに当たっては、本人の同意がある場合その他正当な事由がある場合を除き、労働者の健康の確保に必要な範囲内で労働

者の心身の状態に関する情報を収集し、ならびに当該収集の目的の範囲内でこれを保管し、および使用しなければならないこととされました（労働安全衛生法104条1項）。

さらに、事業者に対しては、労働者の心身の状態に関する情報を適正に管理するために必要な措置を講じる義務も課されています（同条2項）。

これらの情報収集・管理等について、厚生労働省は、事業者が講ずべき措置の適切かつ有効な実施を図るため必要な指針を公表し、必要があると認めるときは、事業者またはその団体に対し、当該指針に関し必要な指導等を行うことができるとしています（同条3項、4項）。

実務ポイント

今回の改正では、さまざまな改正がなされていますが、特に注意を要するポイントとしては、2.[1](1)の情報提供義務が挙げられます。義務の対象とされている内容は、いずれも労働者に心身の不調が生じていること、またはその可能性が高いことをうかがわせる事情です。これらの点について、産業医への情報提供義務を果たしていない場合、労災事故につながるとともに、情報提供義務を果たさなかったことが安全配慮義務違反と認定されるリスクも高いと考えられます。

Q1：労働者が、事業者による産業医に対する健康情報提供を拒否することはできるのでしょうか

A1：個人情報の保護に関する法律23条1項により、原則として、取得した個人情報を本人の同意なく第三者に提供することはできないものとされています。

しかし、労働安全衛生法その他法令の定めに基づく情報提供（法定健康診断の結果に基づく意見を聴取する［同法66条の4］場合や、今般の改正で新たに情報提供義務の対象とされた労働者の労働時間に関する情報その他の産業医が労働者の健康管理等を適切に行うために必要な情報を提供する（同法13条4項）場合は、個人情報保護法23条1項1号の「法令に基づく場合」に該当し、本人の同意がなくとも個人情報を第三者（産業医）に提供することが可能と考えられます（個人情報保護委員会「雇用管理分野における個人情報のうち健康情報を取り扱うに当たっての留意事項」第2の（注）(a)）。

上記のような法律の定めがない場合は、原則として個人情報に当たる健康情報を労働者の同意なく産業医に提供することは許されないでしょう。

Q2：産業医に情報提供していれば、企業として健康配慮措置を果たしているといえるのでしょうか

A2：産業医への情報提供義務を果たすことは、健康配慮措置の一環ではありますが、この義務を果たしたことのみをもって、十分な健康配慮を行ったといえるものではありません。

「実務ポイント」で述べたとおり、産業医への情報提供義務の対象とされている内容は、労働者に心身の不調が生じていること、またはその可能性が高いことをうかがわせる事情です。したがって、心身の不調が生じた労働者に対し、どのような就業上の措置を取ったか、あるいは、時間外労働時間が80時間を超過した労働者に対し、どのように労働時間を減らす措置を取ったか、といった具体的な措置の内容が、企業が健康配慮義務を果たしたといえるためのポイントになるでしょう。

3 労働時間等の設定の改善に関する特別措置法の改正(平成31[2019]年4月1日施行)

1. 事業主等の責務
[1] 勤務間インターバル制度の普及促進

改正のポイント

勤務間インターバル制度を努力義務として法制化しました

改正前　特に規定なし

改正後　労働時間等の設定の改善に関する特別措置法を改正し、勤務間インターバル制度を努力義務条項として規定

解説

　勤務間インターバル制度とは、前日の終業時刻と翌日の始業時刻との間に一定時間の休息の確保を図る制度のことをいいます。
　この制度は、労働者が十分な生活時間や睡眠時間を確保し、ワーク・ライフ・バランスを保ちながら働き続けることを可能にするために今回の法改正で努力義務として設けられました。具体的には、1条の2「労働時間等の設定」における定義の中に、「終業から始業までの時間」という勤務間インターバル制度を意図した文言を追加しました。

労働時間設定改善法　1条の2第2項
　この法律において「労働時間等の設定」とは、労働時間、休日数、

> 年次有給休暇を与える時季、深夜業の回数、終業から始業までの時間その他の労働時間等に関する事項を定めることをいう。

　その上で、2条における「事業主等の責務」を改正し、事業主に、前日の終業時刻と翌日の始業時刻との間に一定時間の休息の確保に努めなければならない旨の努力義務を課すこととなりました。

　また、「時間外労働の上限規制等について（建議）」（平29.6.5労審発921）によれば、同法4条第1項に基づく指針（労働時間等設定改善指針）の中で、労働者の健康確保の観点から、「終業時刻及び始業時刻」の項目を設け、「前日の終業時刻と翌日の始業時刻の間に一定時間の休息時間を確保すること（勤務間インターバル）は、労働者の健康確保に資するものであることから、労使で導入に向けた具体的な方策を検討すること」等を追加することが適当とされ、こうした内容が指針に盛り込まれることが予定されています。

実務 ポイント

　勤務間インターバル制度は、今回の法制化においては努力義務にとどまり、法的に制度を設けなければならない義務ではありません。したがって、現時点では、必ずしも制度を導入しなければならないというわけではありませんが、同建議の中で、勤務間インターバルについて、労使で導入に向けた具体的な方策を検討すること等を指針に入れることが適当とされていることからも、今後の導入を視野に入れた検討を行っていくことが必要となるでしょう。

Q1：制度導入を検討しているのですが、どのような手続きが必要でしょうか

A1：勤務間インターバル制度自体は、今回の法改正でも努力

義務が課されたものにすぎず、法的に決められた手続きがあるというわけではありません。現状、制度内容も各企業に委ねられているところです。

　もっとも、導入をする企業は、労務管理上その内容を明確にするため、就業規則に規定をしておくことが必要になります。

　厚生労働省における就業規則の規定例としては、以下のようなものがありますので、参考になるところです。

---

①休息時間と翌所定労働時間が重複する部分を労働とみなす場合

「第○条　いかなる場合も、労働者ごとに1日の勤務終了後、次の勤務の開始までに少なくとも、○時間の継続した休息時間を与える。

2　前項の休息時間の満了時刻が、次の勤務の所定始業時刻以降に及ぶ場合、当該始業時刻から満了時刻までの時間は労働したものとみなす。」

---

②始業時刻を繰り下げる場合

「第○条　いかなる場合も、労働者ごとに1日の勤務終了後、次の勤務の開始までに少なくとも、○時間の継続した休息時間を与える。

2　前項の休息時間の満了時刻が、次の勤務の所定始業時刻以降に及ぶ場合、翌日の始業時間は、前項の休息時間の満了時刻まで繰り下げる。」

---

③災害その他避けることができない場合に対応するため例外を設ける場合、①または②の第1項に次の規定を追加

「ただし、災害その他避けることができない場合は、その限りではない。」

加えて、必要に応じて、勤務間インターバルに関する申請手続き、勤務時間の取り扱い等についても適宜整備を行うことになります。

また、就業規則を含め、勤務間インターバル制度を導入する上では、法で努力義務とされたとおり、労使で導入に向けた具体的な方策を検討することが要求されるところですので、その機会も十分に確保したほうがよいと考えます。

なお、現在、「勤務間インターバル制度普及促進のための有識者検討会」が立ち上がっており、今後この中でより勤務間インターバル制度に関する具体的な内容、留意点等が固まっていくものと思われますので、注視が必要です。

Q2：勤務間インターバル制度導入時の助成金制度について教えてください

A2：厚生労働省において、平成29（2017）年度から「時間外労働等（旧：職場意識）改善助成金（勤務間インターバル導入コース）」という助成金制度が開始されました。これは、労働時間等の設定の改善を図り、勤務間インターバルの導入に取り組んだ際に発生した費用の一部を助成するものです。この助成金は、中小企業事業主を対象としており、具体的には以下のとおりです。

労働者災害補償保険の適用事業主であり、以下の図表に該当する事業主かつ、次の①から③のいずれかに該当する事業場を有する中小企業事業主であること

業種	A 資本または出資額	B 常時使用する労働者
小売業 （飲食店を含む）	5,000万円以下	50人以下
サービス業	5,000万円以下	100人以下
卸売業	1億円以下	100人以下
その他の業種	3億円以下	300人以下

①勤務間インターバルを導入していない事業場

②既に休息時間数が9時間以上の勤務間インターバルを導入している事業場であって、対象となる労働者が当該事業場に所属する労働者の半数以下である事業場

③既に休息時間数が9時間未満の勤務間インターバルを導入している事業場

　支給対象となる取り組みや支給額など、具体的な内容については、厚生労働省のHPの記載を参照してください。

URL　https://www.mhlw.go.jp/stf/seisakunitsuite/bunya/0000150891.html

Q3　勤務間インターバル制度を導入する場合、対象者を限定することは可能ですか

A3：現時点では、勤務間インターバル制度の導入で法的に決まりはないため、対象者を限定した形で導入することも可能と思われます。

[2] 他の事業主との取引における配慮

改正のポイント

　「他の事業主との取引における配慮」として、下請け等を想定し、著しく短い期限の設定や内容の頻繁な変更をしないよう配慮することにつき、事業主に努力義務を課しました。

解説

　今回の改正で、下請けに対して著しく短い納期を設定するなどの現状に鑑み、過剰な取引条件を押しつけないための配慮を要求する

ために、「他の事業主との取引における配慮」として、「著しく短い期限の設定及び発注の内容の頻繁な変更を行わない」よう配慮することが努力義務として新たに追加されました（労働時間設定改善法2条1項）。

実務 ポイント

今回の改正における他の事業主との取引上の配慮については努力義務であり、法的義務というわけではありませんが、今後、下請け等と取引を行うに当たり、納期の決定をする際や発注中の変更をする際には、この点に留意しながら対応していくことが必要でしょう。

2.労働時間等の設定の改善の実施体制

改正のポイント

・一定の要件を満たす衛生委員会を労働時間等設定改善委員会とみなす規定が削除されました
・労働時間等設定改善企業委員会における決議に関する労働基準法の適用の特例が設定されました

解説

[1] 一定の要件を満たす衛生委員会を労働時間等設定改善委員会とみなす規定の削除

労働時間等の設定の改善を図るための措置についての調査審議機会をより適切に確保する観点から、「労働時間等設定改善委員会」が設置されていない事業場で、労使協定により衛生委員会を労働時間等設定改善委員会とみなす規定が廃止されることとなりました（改正前の労働時間設定改善法7条2項削除）。ただし、施行に関しては、平成34（2022）年3月31日まで（平成31［2019］年3

月31日を含む期間を定めているものであって、その期間が平成34（2022）年3月31日を超えないものについては、その期間の末日まで）の間は有効とされました。

[2] 労働時間等設定改善企業委員会の決議に係る労働基準法の適用の特例

　本規定の改正は、各企業における労働時間・休日および休暇等の改善に向けた労使の自主的な取り組みを促進させるために行われました。具体的には、労働基準法37条3項（代替休暇）、39条4項（時間単位の年次有給休暇）および同条6項（年次有給休暇の計画的付与）について、労働時間等設定改善企業委員会における決議に関する特例を設け、同委員会で委員の5分の4以上の多数による決議がなされた場合には、当該決議を関係事業場における各条項に係る労使協定に代えることができるとしました（労働時間設定改善法7条の2）。なお、この特例が認められるためには、各事業場で各事項について労働時間等設定改善企業委員会に調査審議させ、事業主に対して意見を述べさせる旨を労使協定に定めることが必要であるとされました。

4 短時間労働者の雇用管理の改善等に関する法律および労働契約法の改正(平成32[2020]年4月1日施行 ※中小企業の適用は、5.の「施行日」を参照)

1. 法律名・定義の改正
[1] 有期雇用労働者をパート労働法の適用対象に

改正のポイント

パート労働法の法律名に「及び有期雇用労働者」を加え、有期雇用労働者を新たに対象としました

　従前のパート労働法の正式名称は、「短時間労働者の雇用管理の改善等に関する法律」であり、短時間労働者のみを対象とする法律でした。

　今回の改正では、法律名に「及び有期雇用労働者」が加えられ、正式名称が「短時間労働者及び有期雇用労働者の雇用管理の改善等に関する法律」に変更されるとともに、目的（1条）および事業主等の責務（3条）の各条文の「短時間労働者」はすべて「短時間・有期雇用労働者」に変更され、有期雇用労働者についても同法の対象範囲に含まれることが明確にされました。

　また、「短時間・有期雇用労働者及び短時間・有期雇用労働者になろうとする者は、生活との調和を保ちつつその意欲及び能力に応じて就業することができる機会が確保され、職業生活の充実が図られるように配慮されるものとする」との基本的理念に関する規定が新設されました（2条の2）。

④短時間労働者の雇用管理の改善等に関する法律および労働契約法の改正

[2] 短時間労働者の該当性

改正のポイント

　短時間労働者について、事業所単位ではなく事業主単位で該当性を判断するものとしました

　従前、短時間労働者は、「一週間の所定労働時間が同一の事業所に雇用される通常の労働者（当該事業所に雇用される通常の労働者と同種の業務に従事する当該事業所に雇用される労働者にあっては、厚生労働省令で定める場合を除き、当該労働者と同種の業務に従事する当該通常の労働者）の一週間の所定労働時間に比し短い労働者」と定義され（改正前のパート労働法2条）、所属する「**事業所**」における通常の労働者（正社員。正社員がいない場合、フルタイムの基幹的な働き方をしている労働者がいれば、当該労働者）と比較して、短時間労働者に該当するかを判断することとされていました。

　今回の改正では、「**事業所**」が「**事業主**」と改められ、事業所単位ではなく、事業主単位で「短時間労働者」の該当性を判断することとされました。

　また、有期雇用労働者が法律の対象に加えられたことで、「有期雇用労働者」とは、「事業主と期間の定めのある労働契約を締結している労働者」（同法2条2項）を、「短時間・有期雇用労働者」とは、「短時間労働者及び有期雇用労働者」（同法2条3項）をそれぞれ意味するとの、新たな定義が設けられました。

実務 ポイント

　短時間労働者の定義が変更されたことで、例えば、これまで所属する事業所に正社員がいなかったため、パート労働法の「短時間労働者」に該当しないとされていた労働者についても、他の事業所の正社員と比較することにより、新たにパート労働法の「短時間労働

105

者」に該当する可能性が生じます。

　パート労働法の「短時間労働者」に該当した場合、同法上のさまざまな義務（労働条件の明示、不合理な待遇の禁止等）の対象になりますので、従前同法上の短時間労働者ではないと判断していた労働者について、改めて該当性を確認することが望ましいでしょう。

2.不合理な待遇差を解消するための規定の整備等
[1]不合理な待遇の禁止

改正のポイント

　短時間・有期雇用労働者について、基本給・賞与その他の待遇のそれぞれについて、通常の労働者と比較して不合理な相違を設けてはならないものとされました

　従前、労働契約法20条は、有期雇用労働者の労働条件が無期雇用労働者の労働条件と相違している場合、当該相違について、以下の①～③を考慮して、不合理と認められるものであってはならないことを定めていました [図表19]。
①職務内容（労働者の業務の内容および当該業務に伴う責任の程度）
②当該職務内容および配置の変更の範囲
③その他の事情
　同様に、従前のパート労働法8条でも、短時間労働者と当該事業所に雇用される通常の労働者との間の労働条件の相違について、上記①～③を考慮して、不合理と認められるものであってはならないことを定めていました。
　今回の改正では、労働契約法20条は削除され、有期雇用労働者に関する不合理な待遇の禁止はパート労働法8条に統合されました。
　また、「基本給、賞与その他の待遇のそれぞれ」という文言が追加され、個々の待遇ごとに、当該待遇の性質・目的に照らして適切

④短時間労働者の雇用管理の改善等に関する法律および労働契約法の改正

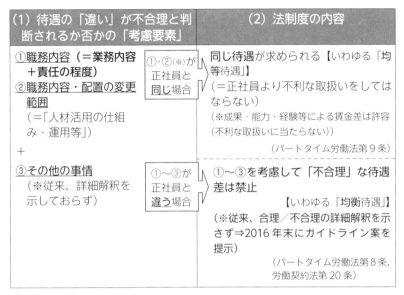

図表19 不合理な待遇の禁止

資料出所：労働政策審議会労働条件分科会・職業安定分科会・雇用環境・均等分科会同一労働同一賃金部会
第1回資料No.7「現行制度に関する参考資料」より一部抜粋

と認められる事情を考慮して、不合理か否か判断されるべきことが明確にされました（パート労働法9条）。

実務ポイント

　無期雇用の正社員と有期雇用の契約社員との間で、基本給・賞与・各種手当・休暇等のさまざまな労働条件の差異について、旧労働契約法20条違反の有無が争点となる紛争が多発しています。

　近時に出された二つの最高裁判例（ハマキョウレックス事件　最高裁二小　平30.6.1判決、長澤運輸事件　最高裁二小　平30.6.1判決）では、期間の定めの有無による労働条件の相違が、不合理と認められるものであるか否かの判断が注目されたものです。ここで、最高裁は、「有期契約労働者と無期契約労働者との個々の賃金項目

107

に係る労働条件の相違が不合理と認められるものであるか否かを判断するに当たっては、両者の賃金の総額を比較することのみによるのではなく、当該賃金項目の趣旨を個別に考慮すべきものと解するのが相当である」（前掲長澤運輸事件）との基準を示しました。その上で、個別の労働条件※ごとに、旧労働契約法20条の要件該当性について、正社員と契約社員との職務内容の差異、将来的な職務内容の変更および配置の変更の可能性、個別の手当の性質、その他の事情（前掲長澤運輸事件については、定年後再雇用であること、調整給の支給等の諸般の事情）を考慮して判断を行っています。

※ハマキョウレックス事件では、住宅手当、皆勤手当、無事故手当、作業手当、給食手当、通勤手当。長澤運輸事件は、能率給、職務給、精勤手当、住宅手当、家族手当、役付手当、時間外手当の計算方法、賞与。

　今回の改正では、労働条件ごとに個別にその趣旨を考慮するとの、上記最高裁判決で示された基準が法律上に反映されており、企業としては、早急に正社員とそれ以外の短時間・有期雇用労働者との間に労働条件の相違がないか確認し、その相違について合理的な理由を説明できるか検討するとともに、合理的な説明が困難である場合は、相違を是正するための具体的な対応を取る必要があると考えられます。

[2] 通常の労働者と同視すべき短時間・有期雇用労働者に対する差別的取り扱いの禁止

改正のポイント

　職務の内容および配置について通常の労働者と同視される短時間・有期雇用労働者は、短時間・有期雇用労働者であることを理由として、基本給、賞与その他の待遇のそれぞれについて差別的な取り扱いをしてはならないこととされました

④短時間労働者の雇用管理の改善等に関する法律および労働契約法の改正

　従前、パート労働法9条では、①「職務の内容が当該事業所に雇用される通常の労働者と同一」で、②「職務の内容及び配置が当該通常の労働者の職務の内容及び配置の変更の範囲と同一の範囲で変更されると見込まれる」短時間労働者について、事業主は「賃金の決定、教育訓練の実施、福利厚生施設の利用その他の待遇」に関し、通常の労働者と差別的取り扱いをしてはならない旨が定められていました。

　今回の改正では、短時間労働者に加え、有期雇用労働者についても、上記①、②の要件を満たす場合は、短時間・有期雇用労働者であることを理由として差別的な待遇を行ってはならないこととされました。

実務 ポイント ‥‥‥‥‥‥‥‥‥‥‥‥‥‥‥‥‥‥‥‥‥‥‥‥‥‥‥‥‥●

　これまで、通常の労働者（多くは正社員）と短時間労働者（パートタイマー・アルバイト等）との間では、職務内容が同一であり、職務の変更の範囲も同一というケースは、一般的でないと考えられ、パート労働法9条違反が問題になることはそれほどありませんでした。

　しかし、今回の改正により、有期雇用労働者が新たに同条の対象となりました。有期雇用労働者については、職務内容が同一であり、職務の変更の範囲も通常の労働者と同一となるケースがより生じやすく、本条に該当する労働者が生じる可能性が高いように思われます。本条に該当した場合、所定労働時間の違いや勤務評価等に基づく合理的な差異は許容されますが、それ以外の手当に関する差異は許容されず、同法8条（不合理な待遇の禁止）よりも厳しく判断される可能性がありますので、注意が必要です。

109

[3] 賃金、教育訓練、福利厚生施設

⑴賃金・教育訓練

　従前、パート労働法10条および11条2項に基づき、事業主は、短時間労働者について、通常の労働者との均衡を考慮しつつ、職務の内容、職務の成果、意欲、能力または経験等を勘案し、その賃金（通勤手当、退職手当その他の厚生労働省令で定めるものを除く）を決定し、教育訓練を実施するように努めるものと定められていました。

　また、同法11条1項により、「通常の労働者に対して実施する教育訓練であって、当該通常の労働者が従事する職務の遂行に必要な能力を付与するためのもの」について、「既に当該職務に必要な能力を有している場合その他の厚生労働省令で定める場合」を除き、同法9条に該当する短時間労働者にも同様の教育訓練を実施しなければならないと定められていました。

　今回の改正では、これらの条項の「短時間労働者」がすべて「短時間・有期雇用労働者」と改められ、有期雇用労働者が対象に加えられました。

⑵福利厚生施設

　従前のパート労働法12条では、「事業主は、通常の労働者に対して利用の機会を与える福利厚生施設であって、健康の保持又は業務の円滑な遂行に資するものとして厚生労働省令で定めるもの」については、短時間労働者にも利用の機会を与えるように配慮するものとされていました。

　今回の改正では、「短時間労働者」がすべて「短時間・有期雇用労働者」と改められ、有期雇用労働者が対象に加えられました。

　また、厚生労働省令（パート労働法施行規則5条）で定める福利厚生施設（給食施設・休憩室・更衣室）について、短時間・有期雇用労働者に利用の機会を与えなければならないと義務づけられました。

④短時間労働者の雇用管理の改善等に関する法律および労働契約法の改正

[4] 通常の労働者への転換

　従前、パート労働法13条により、通常の労働者への転換を推進するため、事業主は、短時間労働者に対して、以下①～③のいずれかの措置を講ずることとされていました。

①事業所で通常の労働者の募集を行う場合に、当該募集に係る事項を当該事業所に掲示することにより、短時間労働者に周知すること

②通常の労働者の配置を新たに行う場合に、短時間労働者に当該配置の希望を申し出る機会を与えること

③試験制度等の通常の労働者への転換を推進するための措置を講ずること

　今回の改正では、「短時間労働者」が「短時間・有期雇用労働者」と改められ、有期雇用労働者についても、上記①～③のいずれかの措置を講ずることとされました。

3. 待遇の相違等に関する説明義務

改正のポイント

　待遇の相違に関し、短時間・有期雇用労働者から求めがあった場合は、通常の労働者との待遇の相違の内容および理由について説明する義務が事業主に課されました

　従前、パート労働法14条1項により、短時間労働者を雇い入れた事業主は、同法9～13条の規定により措置を講ずべきこととされている事項（通常の労働者と同視すべき短時間労働者に対する差別的取り扱いの禁止、賃金、教育訓練、福利厚生施設、通常の労働者への転換に関する措置）について、労働基準法15条1項およびパート労働法施行規則5条で定める、労働条件の締結に際し明示すべき事項を除き、短時間労働者に説明しなければならないと定め

111

られていました［図表20］。

　また、パート労働法14条2項により、事業主は、雇用する短時間労働者から求めがあったときは、6条（労働条件の明示に関する努力義務）、7条（就業規則の作成・変更に際し、短時間労働者の過半数代表者の意見を聴く努力義務）、および、上述の9～13条の規定により措置を講ずべきこととされている事項に関し、説明しなければならないと定められていました［図表20］。

　今回の改正では、14条1項および2項の説明義務について、有期雇用労働者が対象に加えられ、かつ、事業主が8条（不合理な待遇の禁止）に関し講ずる措置についても、説明の対象に加えられました。

　また、14条2項における説明義務の対象に、「当該短時間・有期雇用労働者と通常の労働者との間の待遇の相違の内容及び理由」が加えられました。事業主は、雇用する短時間・有期雇用労働者から求めがあった場合は、通常の労働者との待遇の相違の内容および理由について説明しなければならないこととされました。

　さらに、14条3項が新設され、短時間・有期雇用労働者が同条2項の求めをしたことを理由として、当該短時間・有期雇用労働者に対して解雇その他の不利益な取り扱いをすることが明示的に禁止されました。

4.その他
［1］労働条件に関する文書の交付等
　従前、パート労働法6条1項により、事業主は、短時間労働者を雇い入れた時には速やかに、当該短時間労働者に対して、労働条件に関する事項のうち労働基準法15条で定める必要的明示事項に加え、厚生労働省令で定める事項（特定事項）について、文書の交付等、厚生労働省令で定める方法（当該短時間労働者が希望した場合に限り、ファクシミリまたは電子メールの送信による方法）によ

④短時間労働者の雇用管理の改善等に関する法律および労働契約法の改正

図表 20　説明義務事項

【雇入れ時（第1項）】
・待遇の差別的取扱い禁止（法第9条関係）
・賃金の決定方法（法第10条関係）
・教育訓練の実施（法第11条関係）
・福利厚生施設の利用（法第12条関係）
・通常の労働者への転換を推進するための措置（法第13条関係）

【説明を求められたとき（第2項）】
・労働条件の文書交付等（法第6条関係）
・就業規則の作成手続（法第7条関係）
・待遇の差別的取扱い禁止（法第9条関係）
・賃金の決定方法（法第10条関係）
・教育訓練の実施（法第11条関係）
・福利厚生施設の利用（法第12条関係）
・通常の労働者への転換を推進するための措置（法第13条関係）

資料出所：労働政策審議会労働条件分科会・職業安定分科会・雇用環境・均等分科会
　　　　　同一労働同一賃金部会　第1回資料No.7「現行制度に関する参考資料」
　　　　　より一部抜粋

り明示しなければならないものとされていました。

　今回の改正では、「短時間労働者」が「短時間・有期雇用労働者」と修正され、有期雇用労働者に対しても、上記の特定事項を書面の交付等の方法により明示しなければならないことが定められました。

　なお、現在短時間労働者について定められている特定事項は、以下の四つです（パート労働法施行規則2条1項）。

①昇給の有無

②退職手当の有無

③賞与の有無

④短時間労働者の雇用管理の改善等に関する事項に係る相談窓口

[2] 就業規則の作成・変更手続き

　従前、パート労働法7条により、「事業主は、短時間労働者に係る事項について就業規則を作成し、又は変更しようとするときは、

113

当該事業所において雇用する短時間労働者の過半数を代表すると認められるものの意見を聴くように努めるもの」とされていました。

今回の改正では、同条に2項が新設され、有期雇用労働者に係る事項について就業規則を作成し、または変更しようとするときは、当該事業所で雇用する有期雇用労働者の過半数代表者の意見を聴くように努めるとの努力義務が新たに設けられました。

[3] 指針

厚生労働大臣はパート労働法6条から14条までに定める措置その他同法3条1項が定める事業主が講ずべき雇用管理の改善等に関する措置等に関し、指針を定めることができるものとされています（同法15条）。

上記の規定は抽象的なものにとどまっており、「不合理な待遇」等に関する具体的な解釈や考慮要素については、この指針で示される可能性が高いと考えられます。

既に、厚生労働省より「同一労働同一賃金ガイドライン案（平28.12.20）」が公表されており、同ガイドライン案は、関係者の意見や改正法案についての国会審議を踏まえて、最終的に確定し、改正法の施行日に施行するものとされています。今後、同ガイドライン案の施行状況についても注意が必要です。

[4] 紛争解決等

従前、パート労働法22条により、事業主が短時間労働者から同法6条1項、9条、11条1項、12〜14条に関する事項について苦情の申し出を受けたときは、苦情処理機関に対し、当該苦情の処理を委ねる等その自主的な解決に努めるものとされていました。これらの事項にかかる事業主と短時間労働者の間の紛争については、個別労働関係紛争の解決の促進に関する法律4条、5条（都道府県労働局長の助言または指導、およびあっせん）等の規定は適用せず、

代わりに、パート労働法 25 条以下に定める調停により紛争解決を図ることとされています（パート労働法 23 条）。

今回の改正では、「短時間労働者」が「短時間・有期雇用労働者」と改められ、有期雇用労働者の上記の事項に関する紛争についても、調停により紛争解決を図ることになりました。

また、短時間労働者のための相談体制の整備（16 条）、短時間雇用管理者の選任に関する努力義務（17 条）、厚生労働大臣による短時間労働者を雇用する事業主に対する報告の要求、助言・指導および勧告の権利（18 条）、事業主等に対する国の援助等（19 ～ 21 条）について、いずれも「短時間労働者」が「短時間・有期雇用労働者」と改められ、有期雇用労働者についても、これらの条文の対象とされました。

5. 施行日

施行日は、平成 32（2020）年 4 月 1 日とされました（改正法附則 1 条 2 号）。なお、中小事業主については、改正部分のうち、2 条 1 項（短時間労働者の定義）、3 条（事業主等の責務）、3 章 1 節（6 ～ 18 条。ただし、15 条［指針］と 18 条 3 項［厚生労働大臣の権限を都道府県労働局長に委任できる旨の規定］は除く）、4 章の一部（22 ～ 25 条）については、平成 33（2021）年 3 月 31 日まで適用せず、改正前のパート労働法および労働契約法 20 条の規定を適用するとされました（改正法附則 11 条 1 項）。

また、平成 32（2020）年 4 月 1 日以前（中小事業主が当事者となる場合は平成 33［2021］年 4 月 1 日以前）に現に紛争調整委員会で継続しているあっせんについては、施行日後も従前のあっせんが継続することとされています（改正法附則 12、13 条）。

Q1：「同一労働」であれば、基本給や諸手当、退職金、福利厚生もすべて正社員と同じにしなければならないでしょうか

A1：前述のとおり、「不合理な待遇」に当たるか否か考慮すべき要素としては、①職務の内容、②当該職務の内容および配置の変更の範囲、③その他の事情の三つがあり、「不合理な待遇」に当たるか否か判断する上では、これらを総合考慮すべきものとされています。

そのため、仮に①の要素が正社員と短時間・有期雇用労働者と同一だったとしても、②、③の要素において、待遇の差異を設けるべき理由があり、かつ、差異の程度が合理的な範囲に収まるのであれば、正社員と短時間・有期雇用労働者とで待遇が異なっていても、直ちに違法であるとは判断されないものと考えられます。

例えば、前掲ハマキョウレックス事件の最高裁判決では、正社員と有期の契約社員との間で、職務の内容（トラック運転手）に違いはないとしながら、住宅手当について、「従業員の住宅に要する費用を補助する趣旨で支給されるもの」と解した上で、「契約社員については就業場所の変更が予定されていないのに対し、正社員については、転居を伴う配転が予定されているため、契約社員と比較して住宅に要する費用が多額となり得る」として、正社員にのみ住宅手当を支給し、契約社員に住宅手当を支給しないことを不合理とはいえないと判示しています。

Q2：不合理な待遇の差異の解消のために、正社員の賃金を引き下げてもよいでしょうか

A2：正社員の労働条件と短時間・有期雇用労働者の労働条件

との間に不合理な待遇の差異がある場合、それを解消する方法として正社員の待遇を引き下げることも禁じられておらず、可能であると考えられます。

しかし、正社員の労働条件については、通常就業規則で定められていると考えられ、これを引き下げることは、就業規則の不利益変更に当たりますので、就業規則が適用される各正社員の同意を得ることが必要になります（労働契約法9条）。または、就業規則の変更が、①労働者の受ける不利益の程度、②労働条件の変更の必要性、③変更後の就業規則の内容の相当性、④労働組合等との交渉の状況その他の就業規則の変更に係る事情に照らして合理的なものである（労働契約法10条）ことが必要になります。なお、個別の雇用契約で定められている労働条件を引き下げる場合は、就業規則の変更に加え、個別の合意に基づく雇用契約の変更も必要になります。

他方、判例（大曲市農協事件　最高裁三小　昭63.2.16判決　労判512号7ページ）により、特に賃金、退職金など労働者にとって重要な権利、労働条件に関する不利益変更については、「そのような不利益を労働者に法的に受忍させることを許容できるだけの高度の必要性」が必要とされています。

そのため、不合理な待遇の解消のために、正社員の賃金の引き下げを行う場合は、

①会社業績の現状および今後の見通し、正社員の賃金の引き下げを行わず、短時間・有期雇用労働者の労働条件の引き上げを行った場合の会社業績に与える影響の程度、その他の手段（人件費以外のコストカット等）、激変緩和措置としての調整手当の支給等を検討する

②これらの検討内容を労働組合や各正社員に十分説明し、質

問の機会を与える

③書面等の記録に残る形式で変更の実施期限までに同意を得るように努める

——といった丁寧な対応を取ることが望ましいといえます。

5 労働者派遣事業の適正な運営の確保及び派遣労働者の保護等に関する法律の改正（平成32[2020]年4月1日施行）

1.不合理な待遇差を解消するための規定の整備

改正のポイント

　派遣労働者について、以下いずれかの待遇を確保することを義務化しました。
・派遣先の労働者との均等・均衡待遇
・一定の要件（同種業務の一般の労働者の平均的な賃金と同等以上の賃金であることなど）を満たす労使協定による待遇
　また、これらの事項に関するガイドラインの根拠規定を整備しました。

| 改正前 | 特に規定なし（配慮義務のみ） |

| 改正後 | 均等・均衡待遇の法制化 |

 解説

　派遣労働者における「同一労働同一賃金」[※]の実現に向け、派遣元事業者は派遣労働者に対し、派遣先の通常の労働者と職務内容、職務内容・配置の変更範囲、その他の事情が同一であれば同一の、違いがあれば違いに応じた賃金の支給、福利厚生施設の利用、教育訓練の実施が求められていました。現状、派遣労働者については、均等待遇だけでなく、均衡待遇についても規制がなかったため、今回の改正により、派遣労働者についても、以下いずれかの方式によっ

て、均等・均衡待遇が定められることとなりました。

※同一労働同一賃金とは、同一企業・団体における、いわゆる正規雇用労働者（無期雇用フルタイム労働者）と非正規雇用労働者（有期雇用労働者、パートタイム労働者、派遣労働者）の間の不合理な待遇差の解消を目指すもの。

⑴派遣先の労働者との均等・均衡待遇による方式

　派遣元事業主は、派遣労働者の基本給、賞与その他の待遇のそれぞれについて、派遣先における通常の労働者の待遇と比較し、職務の内容、当該職務の内容および配置の変更の範囲その他の事情のうち、当該待遇の性質および当該待遇を行う目的に照らし、不合理な相違を設けてはならない旨規定されました（労働者派遣法30条の3第1項）。また、派遣期間中、職務の内容および配置の変更の範囲が、通常の労働者と同じ範囲で変更されることが見込まれる場合に、正当な理由がなく、基本給、賞与その他の待遇のそれぞれについて、当該待遇に対応する当該通常の労働者の待遇に比して不利なものとしてはならない旨規定されました（同法30条の3第2項）。

⑵労使協定による一定水準を満たす待遇決定方式

　一方で、同一労働同一賃金の適用により、派遣労働者は、派遣先が変わるごとに賃金水準が変わることで所得が不安定となり、派遣元事業者による段階的・体系的な教育訓練等のキャリアアップ支援と不整合な事態を招くおそれがありました（「同一労働同一賃金に関する法整備について（建議）」平29.6.16　労審発923）。

　そこで、同一労働同一賃金の実効性を担保する兼ね合いから、以下の六つの事項、要件を定めた労使協定を締結した場合は、30条の3の派遣先労働者との均等・均衡待遇を求めないものとされました（労働者派遣法30条の4）。

①当該協定が適用される派遣労働者の範囲

②派遣労働者の賃金の決定方法

・同種業務の一般の労働者の賃金水準として厚生労働省で定めるものと同等以上の賃金額であること

⑤労働者派遣事業の適正な運営の確保及び派遣労働者の保護等に関する法律の改正

・派遣労働者の職務の内容、職務の成果、意欲、能力または経験その他の就業の実態に関する事項の向上があった場合に賃金が改善されること

③派遣元事業主は、賃金決定に当たり、派遣労働者の職務の内容、職務の成果、意欲、能力または経験その他の就業の実態に関する事項を公正に評価して、決定すること

④派遣労働者の賃金以外の待遇の決定方法（派遣元事業主に雇われている通常の労働者の待遇と比較して不合理でないこと）

⑤教育訓練の実施

⑥その他厚生労働省令で定める事項

実務 ポイント ....•

　今回の改正により、派遣元事業主は、雇用する派遣労働者に対し、派遣先の通常の労働者と比較し、均等・均衡の待遇を取ることが義務づけられました。派遣元事業主は、この点を踏まえ、まずは、派遣先の通常の労働者との均等・均衡待遇が実現できているのかを検討するとともに、必要に応じて、均等・均衡待遇となるよう賃金の見直しを検討することになります。あるいは、「協定対象派遣労働者（労働者派遣法30条の4が適用される派遣労働者）」として賃金を定めるのか、こうした点を考えていく必要が出てきます。

　その上で、派遣元事業主は、派遣先に対して、当該派遣労働者が協定対象派遣労働者であるか否かを通知し（労働者派遣法35条）、派遣元管理台帳にも、派遣労働者ごとに協定対象派遣労働者であるか否かを記載します（同法37条）。一方、派遣先も派遣先管理台帳に、派遣労働者ごとに協定対象派遣労働者であるか否かを記載します（同法42条）ので、その点も注意が必要です。

　なお、こうした均等・均衡待遇に関しては、厚生労働大臣が、適切かつ有効な実施を図るため必要な指針を公表するものとされています（同法47条の11）。したがって、より具体的な均等・均衡待

121

遇に関する具体的な解釈や考慮要素については、この指針で示される可能性が高いと思われます。

Q1：「不合理な待遇の禁止」とは具体的にはどういうことか
A1：解説でも述べたとおり、「不合理な待遇の禁止」を言い換えれば、派遣労働者と派遣先の労働者との間で、均等・均衡待遇をすることを求めたものです。この点、平成28（2016）年12月20日付けで示された「同一労働同一賃金ガイドライン案」によれば、派遣労働者について、不合理な待遇の禁止に関連した内容として、以下のような記載があります。

「派遣元事業者は、派遣先の労働者と職務内容、職務内容・配置の変更範囲、その他の事情が同一である派遣労働者に対し、その派遣先の労働者と同一の賃金の支給、福利厚生、教育訓練の実施をしなければならない。また、職務内容、職務内容・配置の変更範囲、その他の事情に一定の違いがある場合において、その相違に応じた賃金の支給、福利厚生、教育訓練の実施をしなければならない」

均等待遇、均衡待遇に関しては、厚生労働大臣が、適切かつ有効な実施を図るため必要な指針を公表するものとされています（労働者派遣法47条の11）ので、当該ガイドライン案を踏まえ、今後は、より具体的な均等待遇、均衡待遇に関する解釈や考慮要素が示されることと考えます。

2. 労働者に対する待遇に関する説明義務
[1] 派遣先事業者に対する、派遣先労働者の賃金等の待遇に関する情報を派遣元事業者に提供する義務

改正のポイント

派遣先事業者に対し、派遣先労働者の賃金等の待遇に関する情報を派遣元事業者に提供する義務などの規定が設けられました

改正前　特に規定なし

改正後　派遣先事業者の、派遣元事業主に対する賃金等の待遇に関する情報提供義務の創設

解説

1.のとおり、派遣元事業者には、派遣労働者に対して、派遣先の通常の労働者との関係で均等・均衡待遇を検討する必要があります。しかし、派遣元事業主は、派遣先の通常の労働者の賃金水準等の情報がなければ、派遣労働者の派遣先の通常の労働者との均等・均衡待遇の確保義務を履行できません。そこで、今回の改正で、派遣先事業者に対し、派遣先労働者の賃金等の待遇に関する情報を派遣元事業者に提供する義務などの規定を整備することになりました。

具体的には、派遣先は、派遣元事業主に対し、労働者派遣契約を締結する場合、あらかじめ、派遣元事業主に対し、派遣労働者が従事する業務ごとに、「比較対象労働者（派遣先に雇用される通常の労働者であり、業務の内容および当該業務に伴う責任の程度、当該職務の内容および配置の変更の範囲が、当該労働者派遣に係る派遣労働者と同一であると見込まれる者等）」の賃金その他の待遇に関

改正法の主な内容と解説

する情報その他の厚生労働省令で定める情報を提供しなければならないこととされました（労働者派遣法 26 条 7 項、8 項）。一方、派遣元事業主は、労働者派遣の役務の提供を受けようとする者から、この情報提供がない場合には、労働者派遣契約を締結することが禁止されました（同条 9 項）。

さらに、派遣先は、情報に変更があった場合には、遅滞なく、派遣元事業主に対し、情報提供を行うこととされました（同条 10 項）。

実務 ポイント ....●

上記のとおり、派遣先は、派遣元事業主に対し、労働者派遣契約を締結する際、または情報に変更がある際には、情報提供を行う義務があり、これを行わなければ労働者派遣契約が締結できなくなりましたので、注意が必要です。具体的な情報の内容については、厚生労働省令で定められることとなっています。今後は、その内容を踏まえる必要があるでしょう。

[2] 待遇に関する事項等の説明義務

改正のポイント

労働者に対する待遇に関する説明義務を強化するとともに、比較対象となる正規雇用労働者との待遇差の内容・理由等に関する説明を義務化しました

解説 ....●

派遣元事業主は、派遣労働者を雇用する際には、以下(1)の事項について、文書の交付等の方法で明示するとともに、(2)の措置についての説明を行うことが規定されました（労働者派遣法 31 条の 2 第 2 項）。(1)労働条件に関する事項のうち、労働基準法 15 条 1 項に規定する

124

厚生労働省令で定める事項以外のものであって厚生労働省令で定めるもの

(2)労働者派遣法 30 条の 3、30 条の 4 第 1 項（不合理な待遇の禁止等）、30 条の 5（職務の内容等を勘案した賃金の決定）の規定に基づいて講じた措置の内容

また、派遣元事業主は、労働者派遣を行う際には、以下①の事項について、文書の交付等の方法で明示するとともに、②の措置についての説明を行うことが規定されました（労働者派遣法 31 条の 2 第 3 項）。

① 労働基準法 15 条 1 項で規定する厚生労働省令で定める事項および上記(1)

② 上記(2)に掲げる措置の内容

また、派遣元事業主に、派遣労働者から求めがあったときには、派遣労働者対して、比較対象労働者との待遇差に関して説明する義務が課されるとともに（労働者派遣法 31 条の 2 第 4 項）、この説明を求められたことを理由に当該派遣労働者に不利益な取り扱いを行うことが禁じられました（同条 5 項）

実務 ポイント ⋯⋯⋯⋯⋯⋯⋯⋯⋯⋯⋯⋯⋯⋯⋯⋯⋯⋯⋯⋯⋯⋯⋯●

今回の改正により、派遣事業主に対して、待遇に関する種々の説明義務が、その都度課されるようになりました。各場面において説明する事項については、一度整理されたほうがよいでしょう。

3.行政による裁判外紛争解決手続きの整備等

改正のポイント

派遣労働者の不合理な待遇差の是正のため、行政による履行確保措置および裁判外紛争解決手続（行政 ADR）の整備がなされました

特に規定なし

- 派遣元事業主、派遣先の自主的解決の努力義務
- 都道府県労働局長による助言、指導、勧告または調停の手続きの法制化

解説

　労働者が、不合理な待遇差の是正を求める場合、最終的には裁判で争うことになりますが、実際に裁判に訴える場合には、経済的負担を伴うことになります。このため、今回の改正では、均等・均衡待遇を求める当事者が身近に、無料で利用できるようにすることを目的として、裁判外紛争解決手続（行政ADR）が整備されました。

　具体的には、不合理な待遇の禁止等（労働者派遣法30条の3、30条の4）や派遣元事業主による待遇に関する事項の説明（同法31条の2第2〜5項）に関し、派遣労働者から直接あるいは派遣先を通じて苦情の申し出があったときには、自主的な解決を図るべく努力義務が課されました（同法47条の4第1項）。また、派遣先において、派遣労働者に対する教育訓練や、福利厚生施設の利用に関して（同法40条2項および3項）、派遣労働者から苦情の申し出がある場合には、派遣先が自主的な解決を図る努力をすることが求められました（同法47条の4第2項）

　これらの事項にかかる事業主と派遣労働者の間の紛争については、個別労働関係紛争の解決の促進に関する法律4条、5条（都道府県労働局長の助言指導およびあっせん）等の規定は適用せず（労働者派遣法47条の5）、47条の6ないし9において定められた、都道府県労働局長による助言、指導、勧告または調停の手続きによって紛争の解決を図ることとされています。

⑥じん肺法の改正

6 じん肺法の改正（平成31[2019]年4月1日施行）

改正のポイント

　事業者は、じん肺法またはこれに基づく命令の規定による措置の実施に関し、労働者の心身の状態に関する情報を取り扱う際は、本人の同意がある場合等正当な事由がない限り、労働者の健康の確保に必要な範囲内でその情報を収集し、その収集の目的の範囲内で保管し、および使用しなければならないとされました

解説

　事業者は、じん肺法またはこれに基づく命令等による措置の実施に関し、労働者の心身の状態に関する情報を収集し、保管し、または使用するに当たっては、本人の同意がある場合か、その他正当な事由がある場合を除き、労働者の健康の確保に必要な範囲内で労働者の心身の状態に関する情報を収集し、ならびに当該収集の目的の範囲内でこれを保管し、および使用しなければならないこととされました（じん肺法35条の3第1項）。さらに、事業者に対しては、労働者の心身の状態に関する情報を適正に管理するために必要な措置を講じる義務も課されています（同条第2項）。

　なお、これらの情報収集・管理等について、厚生労働省は、事業者が講ずべき措置の適切かつ有効な実施を図るため必要な指針を公表し、必要があると認めるときは、事業者またはその団体に対し、当該指針に関し必要な指導等を行うことができるとしています（同条3項、4項）。

127

実務 ポイント ⋯⋯⋯⋯⋯⋯⋯⋯⋯⋯⋯⋯⋯⋯⋯⋯⋯⋯⋯⋯⋯⋯⋯⋯⋯⋯●

　今回の改正は、2 の 2. ［2］で述べた労働安全衛生法の情報の取り扱いの部分について改正を行ったことを受け、じん肺法でも同様の規定を置かなければ相互に不均衡が生じるという理由から、労働安全衛生法の規定と同様の規定をじん肺法にも置くために、設けられた条文となります。

　したがって、じん肺法固有の改正事項というわけではなく、この健康診断等の情報の取り扱いの趣旨・目的は労働安全衛生法と同様となります。

　実際には、今後の労働者の心身の状態に関する情報の取り扱いについては、厚生労働省から指針が公表されることになりますので、それを見ながら対応することになります。

⑦雇用対策法の改正

7 雇用対策法の改正(公布日施行)

1.法律名および目的規定等の改正

改正のポイント

　法律名を「雇用対策法」という名称から「労働施策の総合的な推進並びに労働者の雇用の安定及び職業生活の充実等に関する法律」という名称に変更し、雇用関係の施策のみならず、労働に関する必要な施策を総合的に講じることを目的とする法に改正されました

解説

[1] 法律名の改正

　今回の改正において、「雇用対策法」という名称を「労働施策の総合的な推進並びに労働者の雇用の安定及び職業生活の充実等に関する法律」という名称に変更することとなりました。これは、「雇用対策法」の中で、今回の働き方改革に関連する基本的な考え方を明らかにし、国が改革を総合的かつ継続的に推進する基本方針を定めることに端を発しています。

[2] 目的、基本理念規定の改正

　目的に関しては、労働者の多様な事情に応じた雇用の安定および職業生活の充実ならびに労働生産性の向上を促進することを目的に加えました(1条1項)。この規定の改正の趣旨は、国が、労働に関し、必要な施策を総合的に講ずることにより、経済社会情勢の変化の中で、労働者がその多様な事情に応じた就業ができるようにすることを通じて、その有する能力を有効に発揮することができるようにす

129

るとともに、もって労働者の職業の安定および職業生活の充実ならびに経済的社会的地位の向上を図り、経済および社会の発展ならびに完全雇用の達成に資することにあります。

その上で、目的達成のために労働者に対し、「職務の内容及び職務に必要な能力、経験その他の職務遂行上必要な事項（中略）の内容が明らかにされ、並びにこれらに即した評価方法により能力等を公正に評価され、当該評価に基づく処遇を受けることその他の適切な処遇を確保するための措置が効果的に実施されることにより、その職業の安定が図られるように配慮」するよう、基本的理念が定められました（3条2項）。

実務 ポイント ⋯⋯⋯⋯⋯⋯⋯⋯⋯⋯⋯⋯⋯⋯⋯⋯⋯⋯⋯⋯⋯⋯⋯⋯⋯⋯•

本法律は、基本的に、国が働き方改革に係る基本理念を明らかにし、国としての総合的かつ継続的な対応を行うための「基本方針」を規定したもので、改正により直ちに直接的に大きな影響が事業主等に及ぶものではありません。ただし、この法律で定められた基本方針を前提として、各法律や指針が策定されていくことになりますので、その意味では基本方針については理解されておかれたほうがよいでしょう。

2. 国の講ずべき施策の改正

解説 ⋯⋯⋯⋯⋯⋯⋯⋯⋯⋯⋯⋯⋯⋯⋯⋯⋯⋯⋯⋯⋯⋯⋯⋯⋯⋯⋯⋯⋯⋯•

1. ［2］の目的を達成するため、基本的理念に従い、新たに以下の事項について、国が必要な施策を総合的に講じることが定められました（4条）。

(1)労働者が仕事と生活との調和を保ちつつその意欲および能力に応じて就業することができるようにするため、労働時間の短縮その他の労働条件の改善、多様な就業形態の普及、雇用形態または就

業形態の異なる労働者の間の均衡のとれた待遇の確保等に関する施策を充実すること（4条1項1号）

⑵女性の職業および子の養育または家族の介護を行う労働者の職業の安定を図るため、雇用の継続、円滑な再就職の促進、母子家庭の母および父子家庭の父ならびに寡婦の雇用の促進その他のこれらの者の就業を促進するために必要な施策を充実すること（4条1項6号）

⑶傷病等の治療を受ける労働者の職業の安定を図るため、雇用の継続および離職を余儀なくされる労働者の円滑な再就職の促進を図るために必要な施策を充実すること（4条1項9号）

実務 ポイント ・・●

4条はあくまで、国が、労働者の多様な事情に応じた「職業生活の充実」に対応し、働き方改革を総合的に推進するために必要な施策としてどのような施策を講じるのかを明記したものであり、本条項の改正により、直接的に事業主が義務を負うというというものではありません。ただし、今後の国が施策の具体化として各法律や指針の前提となるものではありますので、その方向性を理解しておくことは必要でしょう。

3. 事業主の責務

改正のポイント

事業主の役割の重要性に鑑み、「職業生活の充実」という観点から、雇用する労働者の労働時間の短縮や労働条件の改善、その他の労働者が生活との調和を保ちつつ、その意欲および能力に応じて就業することができる環境の整備に努めるよう求められました

解説

雇用対策、労働施策において、事業主の果たす役割の大きさ、重要性に鑑み、当該法律の中に「事業主の責務」という形で、「雇用する労働者の労働時間の短縮その他の労働条件の改善その他の労働者が生活との調和を保ちつつその意欲及び能力に応じて就業することができる環境の整備に努め」ることを規定しました（6条1項）。

実務 ポイント

事業主の責務についての規定ですが、本法律の性質上、この法律内で新たに義務が創設されたというわけではありません。具体的な内容については、各法律に既に存在しており、本規定はその事業主の責務について確認の意味で規定しているものになります。

4. 基本方針の策定、実施

改正のポイント

> 国が、労働者がその有する能力を有効に発揮することができるようにするために必要な労働に関する施策の基本方針を定めることが規定されました

解説

国は、働き方改革を総合的かつ継続的に推進すべく、労働者がその有する能力を有効に発揮することができるようにするために、必要な労働に関する施策の総合的な推進についての基本的な方針を定めることとなりました（10条1項）。

その基本方針に定める内容としては、
・労働者がその有する能力を有効に発揮することができるようにす

⑦雇用対策法の改正

ることの意義に関する事項（10条2項1号）

・1条1項の目的を達成するため国が総合的に講じようとする施策
　に関する基本的事項（同項2号）

——等が挙げられています。

　基本方針の策定に当たっては、厚生労働大臣が、都道府県知事の
意見や労働政策審議会の意見を聴取し、閣議の決定で定めることと
されました（10条3、4項）。また、厚生労働大臣は、必要に応じて、
関係行政機関の長に対し、基本方針策定の段階で資料の提出その他
必要な協力を求めたり（10条6項）、基本方針において定められた
施策で、関係行政機関の所管に係るものの実施について、必要な要
請をすることができるとしました（10条の2）。

　また、中小企業への配慮から、国に対し、基本方針において定め
られた施策の実施に関して、地方公共団体、中小企業者を構成員と
する団体その他の事業主団体、労働者団体その他の関係者により構
成される協議会の設置その他のこれらの者の間の連携体制の整備に
必要な施策を講ずるよう努力義務を課しました（10条の3）。なお、
国は、労働に関する施策をめぐる経済社会情勢の変化を勘案し、必
要があると認めるときは、基本方針を変更することも定められまし
た（10条7項）。

実務 ポイント ....●

　基本方針の策定に関しては、国の義務を定めたものですので、直
接事業主が関係してくるものではありません。

133

36協定の様式

・時間外労働・休日労働に関する協定届(案)
・時間外労働・休日労働に関する協定届(特別条項込みの場合)(案)

36協定の様式

※1　厚生労働省提示の様式（案）を基に、労務行政が一部加工して作成
　　したものです。
※2　様式は、今後、政省令の改正内容が確定した時点で変更される可能
　　性がある点にご留意ください。

36協定の様式

様式第9号（第16条第1項関係）

時間外労働・休日労働に関する協定届（案）

事業の種類	事業の名称	事業の所在地（電話番号）		協定の有効期間
		（〒　－　　　）		
		（電話番号：　－　　－　　）		

労働保険番号
法人番号

		業務の種類	労働者数（満18歳以上の者）	所定労働時間（1日）（任意）	延長することができる時間数			
					1日		1箇月（①については45時間まで、②については42時間まで）	1年（①については360時間まで、②については320時間まで）
					法定労働時間を超える時間数	所定労働時間を超える時間数（任意）	法定労働時間を超える時間数 ／ 所定労働時間を超える時間数（任意）	起算日（年月日）／ 法定労働時間を超える時間数 ／ 所定労働時間を超える時間数（任意）
時間外労働	① 下記②に該当しない労働者							
	② 1年単位の変形労働時間制により労働する労働者							

時間外労働 に関する協定
休日労働

	業務の種類	労働者数（満18歳以上の者）	所定休日（任意）	労働させることができる法定休日の日数	労働させることができる法定休日における始業及び終業の時刻
休日労働	休日労働をさせる必要のある具体的事由				

時間外労働をさせる必要のある具体的事由

上記で定める時間数にかかわらず、時間外労働及び休日労働を合算した時間数は、1箇月について100時間未満でなければならず、かつ2箇月から6箇月までを平均して80時間を超過しないこと。

□（チェックボックスに要チェック）

協定の成立年月日　　　年　　月　　日

協定の当事者である労働組合の名称（事業場の労働者の過半数で組織する労働組合）又は労働者の過半数を代表する者の　　職名　　　　　氏名

協定の当事者（労働者の過半数を代表する者の場合）の選出方法（　　　　　　　　　　　　　　　　）

　　　年　　月　　日

使用者　職名　　　㊞
　　　　氏名

労働基準監督署長殿

36協定の様式

（備考）

1　労働基準法施行規則第24条の2第4項の規定により、労働時間の延長及び休日の労働を協定する場合におい...

2　本様式...

3　...

様式第9号（第16条第1項関係）（裏面）

（記載心得）

1　「業務の種類」の欄には、時間外労働又は休日労働をさせる必要のある業務を具体的に記...

36協定の様式

時間外労働・休日労働に関する協定届（特別条項込みの場合）（案）

様式第9号の2（第16条第1項関係）

事業の種類	事業の名称	事業の所在地（電話番号）	労働保険番号
		（〒　－　　　）	法人番号
		（電話番号：　－　　　－　　　）	

| | | 時間外労働
休日労働 に関する協定届 | | | |

| | | | 協定の有効期間 |

時間外労働をさせる必要のある具体的事由

	業務の種類	労働者数 （満18歳 以上の者）	所定労働時間 （1日） （任意）	延長することができる時間数		
				1日	1箇月（①については45時間まで、②については42時間まで）	1年（①については360時間まで、②については320時間まで） 起算日 （年月日）
				法定労働時間を超える時間数	所定労働時間を超える時間数（任意）	法定労働時間を超える時間数	所定労働時間を超える時間数（任意）	法定労働時間を超える時間数	所定労働時間を超える時間数（任意）

時間外労働
① 下記②に該当しない労働者
② 1年単位の変形労働時間制により労働する労働者

休日労働をさせる必要のある具体的事由

| | 業務の種類 | 労働者数
（満18歳
以上の者） | 所定休日
（任意） | 労働させることができる法定休日の日数 | 労働させることができる法定休日における始業及び終業の時刻 |

休日労働

上記で定める時間数にかかわらず、時間外労働及び休日労働を合算した時間数は、1箇月について100時間未満でなければならず、かつ2箇月から6箇月までを平均して80時間を超過しないこと。
□（チェックボックスを要チェック）

36協定の様式

様式第９号の２（第16条第１項関係）（裏面）

（記載心得）

1　「業務の種類」の欄には、時間外労働又は休日労働をさせる必要のある業務を具体的に記入し、労働基準法第36条第６項第１号の健康上特に有害な業務について協定をした場合には、当該業務を他の業務と区別して記入すること。なお、業務の種類を細分化することにより当該業務の範囲を明確にしなければならないことに留意すること。

2　「労働者数（満18歳以上の者）」の欄には、時間外労働又は休日労働をさせることができる労働者の数を記入すること。

3　「延長することができる時間数」の欄の記入に当たっては、次のとおりとすること。時間外労働をさせる場合の時間数は、労働基準法第32条から第32条の５まで又は第40条に規定する労働時間（以下「法定労働時間」という。）を超える時間数を、休日労働をさせる場合の休日における労働時間数を記入すること。なお、本欄に記入する時間数にかかわらず、時間外労働及び休日労働を合算した時間数が１箇月について100時間以上となった場合、及び２箇月から６箇月までを平均して80時間を超えた場合には、労働基準法違反（同法第119条の規定により６箇月以下の懲役又は30万円以下の罰金）となることに留意すること。

（1）「１日」の欄には、法定労働時間を超えて延長することができる時間数であって、１日についての延長することができる限度となる時間を超えない範囲内で協定した時間数を記入すること。なお、所定労働時間を超える時間数についても協定する場合においては、当該時間数を併せて記入することができる。

（2）「１箇月」の欄には、法定労働時間を超えて延長することができる時間数であって、１箇月について42時間（対象期間が３箇月を超える１年単位の変形労働時間制により労働させる労働者については、１箇月について45時間）以下の範囲内で協定した時間数を記入すること。なお、所定労働時間を超える時間数についても協定する場合においては、当該時間数を併せて記入することができる。

（3）「１年」の欄には、法定労働時間を超えて延長することができる時間数であって、１年について360時間（対象期間が３箇月を超える１年単位の変形労働時間制により労働させる労働者については、１年について320時間）以下の範囲内で協定した時間数を記入すること。なお、所定労働時間を超える時間数についても協定する場合においては、当該時間数を併せて記入することができる。

4　②の欄は、労働基準法第32条の４の規定による１年単位の変形労働時間制により労働する労働者（対象期間が３箇月を超える１年単位の変形労働時間制により労働させる労働者に限る。）について記入すること。「１箇月」にあっては42時間、「１年」にあっては320時間を超える時間を記入していないことに留意すること。

5　「労働させることができる法定休日の日数」の欄には、労働基準法第35条の規定による休日（１週１休又は４週４休であること。）に労働させることができる日数を記入すること。

6　「労働させることができる法定休日における始業及び終業の時刻」の欄には、労働基準法第35条の規定による休日であって労働させる休日の始業及び終業の時刻を記入すること。

7　チェックボックスは、労働者の過半数で組織する労働組合が無い場合の労働者の過半数を代表する者が、労働基準法施行規則第６条の２第１項の規定に基づき、同法第41条第２号に規定する監督又は管理の地位にある者でなく、かつ、同項の協定をする者を選出することを明らかにして実施される投票、挙手等の方法による手続により選出された者であって、使用者の意向に基づき選出されたものでないことを確認して、チェックを付すこと。これらの要件を満たさない場合には、有効な協定とはならないことに留意すること。なお、これらの要件を満たしている場合であっても、当該要件に係るチェックボックスにチェックが無い場合には、有効な協定とはならない。

8　協定については、労働者の過半数で組織する労働組合が無い場合には、労働者の過半数を代表する者と協定すること。また、これを協定する者は、労働基準法施行規則第６条の２第１項の規定により、労働基準法第41条第２号に規定する監督又は管理の地位にある者でないこと及び同項の協定をする者を選出することを明らかにして実施される投票、挙手等の方法による手続により選出された者であって、使用者の意向に基づき選出されたものでないこと。これらの要件を満たさない場合には、有効な協定とはならないことに留意すること。

9　本様式で記入部分が足りない場合は同一様式を使用すること。この場合、必要のある事項のみ記入することで差し支えない。

（備考）
労働基準法施行規則第24条の２第４項の規定により、労働基準法第38条の２第２項の協定の内容を本様式に付記して届け出る場合においては、事業場外労働の対象業務については他の業務とは区別し、事業場外労働の対象業務である旨を明らかにするとともに、当該業務の遂行に通常必要とされる時間を括弧書きすること。また、「協定の有効期間」の欄には事業場外労働に関する協定の有効期間を記入すること。

様式第9号の2（第16条第1項関係）

時間外労働
休日労働　に関する協定届（特別条項）

	業務の種類	労働者数（満18歳以上の者）	1日（任意）		1箇月（時間外労働及び休日労働を合算した時間数。100時間未満に限る。）			1年（時間外労働のみの時間数。720時間以内に限る。）起算日（年月日）		
			延長することができる時間数		延長することができる時間数及び休日労働の時間			延長することができる時間数		
			法定労働時間を超える時間数	所定労働時間を超える時間数（任意）	限度時間を超えて労働させることができる回数（6回以内に限る。）	法定労働時間を超える時間数と休日労働の時間数を合算した時間数	所定労働時間を超える時間数と休日労働の時間数を合算した時間数（任意）	限度時間を超えた労働に係る割増賃金率	法定労働時間を超える時間数	所定労働時間を超える時間数（任意）	限度時間を超えた労働に係る割増賃金率
臨時的に限度時間を超えて労働させることができる場合										

	（該当する番号）（具体的内容）
限度時間を超えて労働させる場合における手続	
限度時間を超えて労働させる労働者に対する健康及び福祉を確保するための措置	

上記で定める時間数にかかわらず、時間外労働及び休日労働を合算した時間数は、1箇月について100時間未満でなければならず、かつ2箇月から6箇月までを平均して80時間を超過しないこと。　□（チェックボックスに要チェック）

協定の成立年月日　　　年　　　月　　　日

協定の当事者である労働組合（事業場の労働者の過半数で組織する労働組合）又は労働者の過半数を代表する者の
職名
氏名

協定の当事者（労働者の過半数を代表する者の場合）の選出方法（　　　　　　　　　　　　）

年　　月　　日

使用者　職名
　　　　氏名　　　　　　　　㊞

労働基準監督署長殿

36協定の様式

様式第九号の2（第十六条第1項関係）（裏面）

（記載心得）

（備考）

新旧対照表
（労働基準法）

新旧対照表（労働基準法）

新旧対照表（労働基準法）

○労働基準法(昭和二十二年法律第四十九号)(抄)

（傍線部分は改正部分）

改　正　前	改　正　後
第十二条　（略） ②　（略） ③　前二項に規定する期間中に、次の各号のいずれかに該当する期間がある場合においては、その日数及びその期間中の賃金は、前二項の期間及び賃金の総額から控除する。 一～三　（略） 四　育児休業、介護休業等育児又は家族介護を行う労働者の福祉に関する法律（平成三年法律第七十六号）第二条第一号に規定する育児休業又は同条第二号に規定する介護休業（同法第六十一条第三項（同条第六項において準用する場合を含む。）に規定する介護をするための休業を含む。<u>第三十九条第八項</u>において同じ。）をした期間 五　（略） ④～⑧　（略） （契約期間等） 第十四条　労働契約は、期間の定	第十二条　（略） ②　（略） ③　前二項に規定する期間中に、次の各号のいずれかに該当する期間がある場合においては、その日数及びその期間中の賃金は、前二項の期間及び賃金の総額から控除する。 一～三　（略） 四　育児休業、介護休業等育児又は家族介護を行う労働者の福祉に関する法律（平成三年法律第七十六号）第二条第一号に規定する育児休業又は同条第二号に規定する介護休業（同法第六十一条第三項（同条第六項において準用する場合を含む。）に規定する介護をするための休業を含む。<u>第三十九条第十項</u>において同じ。）をした期間 五　（略） ④～⑧　（略） （契約期間等） 第十四条　労働契約は、期間の定

新旧対照表（労働基準法）

めのないものを除き、一定の事業の完了に必要な期間を定めるもののほかは、三年（次の各号のいずれかに該当する労働契約にあつては、五年）を超える期間について締結してはならない。

一　専門的な知識、技術又は経験（以下この号において「専門的知識等」という。）であつて高度のものとして厚生労働大臣が定める基準に該当する専門的知識等を有する労働者（当該高度の専門的知識等を必要とする業務に就く者に限る。）との間に締結される労働契約

二　（略）
②・③　（略）

第三十二条の二　（略）
②　使用者は、厚生労働省令で定めるところにより、前項の協定を行政官庁に届け出なければならない。

第三十二条の三　使用者は、就業規則その他これに準ずるものにより、その労働者に係る始業及び終業の時刻をその労働者の決定にゆだねることとした労働者については、当該事業場の労働者の過半数で組織する労働組合がある場合においてはその労働

めのないものを除き、一定の事業の完了に必要な期間を定めるもののほかは、三年（次の各号のいずれかに該当する労働契約にあつては、五年）を超える期間について締結してはならない。

一　専門的な知識、技術又は経験（以下この号及び第四十一条の二第一項第一号において「専門的知識等」という。）であつて高度のものとして厚生労働大臣が定める基準に該当する専門的知識等を有する労働者（当該高度の専門的知識等を必要とする業務に就く者に限る。）との間に締結される労働契約

二　（略）
②・③　（略）

第三十二条の二　（略）
②　使用者は、厚生労働省令で定めるところにより、前項の協定を行政官庁に届け出なければならない。

第三十二条の三　使用者は、就業規則その他これに準ずるものにより、その労働者に係る始業及び終業の時刻をその労働者の決定に委ねることとした労働者については、当該事業場の労働者の過半数で組織する労働組合がある場合においてはその労働組

145

組合、労働者の過半数で組織する労働組合がない場合においては労働者の過半数を代表する者との書面による協定により、次に掲げる事項を定めたときは、その協定で第二号の清算期間として定められた期間を平均し一週間当たりの労働時間が第三十二条第一項の労働時間を超えない範囲内において、同条の規定にかかわらず、一週間において同項の労働時間又は一日において同条第二項の労働時間を超えて、労働させることができる。

一　この条の規定による労働時間により労働させることができることとされる労働者の範囲

二　清算期間（その期間を平均し一週間当たりの労働時間が第三十二条第一項の労働時間を超えない範囲内において労働させる期間をいい、一箇月以内の期間に限るものとする。次号において同じ。）

三　清算期間における総労働時間

四　その他厚生労働省令で定める事項

（新設）

合、労働者の過半数で組織する労働組合がない場合においては労働者の過半数を代表する者との書面による協定により、次に掲げる事項を定めたときは、その協定で第二号の清算期間として定められた期間を平均し一週間当たりの労働時間が第三十二条第一項の労働時間を超えない範囲内において、同条の規定にかかわらず、一週間において同項の労働時間又は一日において同条第二項の労働時間を超えて、労働させることができる。

一　この項の規定による労働時間により労働させることができることとされる労働者の範囲

二　清算期間（その期間を平均し一週間当たりの労働時間が第三十二条第一項の労働時間を超えない範囲内において労働させる期間をいい、三箇月以内の期間に限るものとする。以下この条及び次条において同じ。）

三　清算期間における総労働時間

四　その他厚生労働省令で定める事項

②　清算期間が一箇月を超えるものである場合における前項の規定の適用については、同項各号列記以外の部分中「労働時間を

新旧対照表（労働基準法）

（新設）	超えない」とあるのは「労働時間を超えず、かつ、当該清算期間をその開始の日以後一箇月ごとに区分した各期間（最後に一箇月未満の期間を生じたときは、当該期間。以下この項において同じ。）ごとに当該各期間を平均し一週間当たりの労働時間が五十時間を超えない」と、「同項」とあるのは「同条第一項」とする。 ③　一週間の所定労働日数が五日の労働者について第一項の規定により労働させる場合における同項の規定の適用については、同項各号列記以外の部分（前項の規定により読み替えて適用する場合を含む。）中「第三十二条第一項の労働時間」とあるのは「第三十二条第一項の労働時間（当該事業場の労働者の過半数で組織する労働組合がある場合においてはその労働組合、労働者の過半数で組織する労働組合がない場合においては労働者の過半数を代表する者との書面による協定により、労働時間の限度について、当該清算期間における所定労働日数を同条第二項の労働時間に乗じて得た時間とする旨を定めたときは、当該清算期間における日数を七で除して得た数をもつてその時間を除して得た時間）」と、「同項」とあるのは「同条第一項」とす

147

新旧対照表（労働基準法）

	る。
（新設）	④ 前条第二項の規定は、第一項各号に掲げる事項を定めた協定について準用する。ただし、清算期間が一箇月以内のものであるときは、この限りでない。
（新設）	**第三十二条の三の二** 使用者が、清算期間が一箇月を超えるものであるときの当該清算期間中の前条第一項の規定により労働させた期間が当該清算期間より短い労働者について、当該労働させた期間を平均し一週間当たり四十時間を超えて労働させた場合においては、その超えた時間（第三十三条又は第三十六条第一項の規定により延長し、又は休日に労働させた時間を除く。）の労働については、第三十七条の規定の例により割増賃金を支払わなければならない。
（時間外及び休日の労働） **第三十六条** 使用者は、当該事業場に、労働者の過半数で組織する労働組合がある場合においてはその労働組合、労働者の過半数で組織する労働組合がない場合においては労働者の過半数を代表する者との書面による協定をし、これを行政官庁に届け出た場合においては、第三十二条から第三十二条の五まで若しくは第四十条の労働時間（以下こ	**（時間外及び休日の労働）** **第三十六条** 使用者は、当該事業場に、労働者の過半数で組織する労働組合がある場合においてはその労働組合、労働者の過半数で組織する労働組合がない場合においては労働者の過半数を代表する者との書面による協定をし、厚生労働省令で定めるところによりこれを行政官庁に届け出た場合においては、第三十二条から第三十二条の五ま

148

新旧対照表（労働基準法）

の条において「労働時間」という。）又は前条の休日（以下この項において「休日」という。）に関する規定にかかわらず、その協定で定めるところによつて労働時間を延長し、又は休日に労働させることができる。ただし、坑内労働その他厚生労働省令で定める健康上特に有害な業務の労働時間の延長は、一日について二時間を超えてはならない。

（新設）

で若しくは第四十条の労働時間（以下この条において「労働時間」という。）又は前条の休日（以下この条において「休日」という。）に関する規定にかかわらず、その協定で定めるところによつて労働時間を延長し、又は休日に労働させることができる。

②　前項の協定においては、次に掲げる事項を定めるものとする。

一　この条の規定により労働時間を延長し、又は休日に労働させることができることとされる労働者の範囲

二　対象期間（この条の規定により労働時間を延長し、又は休日に労働させることができる期間をいい、一年間に限るものとする。第四号及び第六項第三号において同じ。）

三　労働時間を延長し、又は休日に労働させることができる場合

四　対象期間における一日、一箇月及び一年のそれぞれの期間について労働時間を延長して労働させることができる時間又は労働させることができる休日の日数

五　労働時間の延長及び休日の

149

新旧対照表（労働基準法）

	労働を適正なものとするために必要な事項として厚生労働省令で定める事項
（新設）	③ 前項第四号の労働時間を延長して労働させることができる時間は、当該事業場の業務量、時間外労働の動向その他の事情を考慮して通常予見される時間外労働の範囲内において、限度時間を超えない時間に限る。
（新設）	④ 前項の限度時間は、一箇月について四十五時間及び一年について三百六十時間（第三十二条の四第一項第二号の対象期間として三箇月を超える期間を定めて同条の規定により労働させる場合にあつては、一箇月について四十二時間及び一年について三百二十時間）とする。
（新設）	⑤ 第一項の協定においては、第二項各号に掲げるもののほか、当該事業場における通常予見することのできない業務量の大幅な増加等に伴い臨時的に第三項の限度時間を超えて労働させる必要がある場合において、一箇月について労働時間を延長して労働させ、及び休日において労働させることができる時間（第二項第四号に関して協定した時間を含め百時間未満の範囲内に限る。）並びに一年について労働時間を延長して労働させることができる時間（同号に関して協定した時間を含め七百二十時

新旧対照表（労働基準法）

（新設）

間を超えない範囲内に限る。）を定めることができる。この場合において、第一項の協定に、併せて第二項第二号の対象期間において労働時間を延長して労働させる時間が一箇月について四十五時間（第三十二条の四第一項第二号の対象期間として三箇月を超える期間を定めて同条の規定により労働させる場合にあつては、一箇月について四十二時間）を超えることができる月数（一年について六箇月以内に限る。）を定めなければならない。

⑥　使用者は、第一項の協定で定めるところによつて労働時間を延長して労働させ、又は休日において労働させる場合であつても、次の各号に掲げる時間について、当該各号に定める要件を満たすものとしなければならない。

一　坑内労働その他厚生労働省令で定める健康上特に有害な業務について、一日について労働時間を延長して労働させた時間　二時間を超えないこと。

二　一箇月について労働時間を延長して労働させ、及び休日において労働させた時間　百時間未満であること。

三　対象期間の初日から一箇月ごとに区分した各期間に当該

151

新旧対照表（労働基準法）

② 厚生労働大臣は、労働時間の延長を適正なものとするため、前項の協定で定める労働時間の延長の限度、当該労働時間の延長に係る割増賃金の率その他の必要な事項について、労働者の福祉、時間外労働の動向その他の事情を考慮して基準を定めることができる。

③ 第一項の協定をする使用者及び労働組合又は労働者の過半数を代表する者は、当該協定で労働時間の延長を定めるに当たり、当該協定の内容が前項の基準に適合したものとなるようにしなければならない。

④ 行政官庁は、第二項の基準に関し、第一項の協定をする使用者及び労働組合又は労働者の過半数を代表する者に対し、必要な助言及び指導を行うことができる。

（新設）

各期間の直前の一箇月、二箇月、三箇月、四箇月及び五箇月の期間を加えたそれぞれの期間における労働時間を延長して労働させ、及び休日において労働させた時間の一箇月当たりの平均時間　八十時間を超えないこと。

⑦ 厚生労働大臣は、労働時間の延長及び休日の労働を適正なものとするため、第一項の協定で定める労働時間の延長及び休日の労働について留意すべき事項、当該労働時間の延長に係る割増賃金の率その他の必要な事項について、労働者の健康、福祉、時間外労働の動向その他の事情を考慮して指針を定めることができる。

⑧ 第一項の協定をする使用者及び労働組合又は労働者の過半数を代表する者は、当該協定で労働時間の延長及び休日の労働を定めるに当たり、当該協定の内容が前項の指針に適合したものとなるようにしなければならない。

⑨ 行政官庁は、第七項の指針に関し、第一項の協定をする使用者及び労働組合又は労働者の過半数を代表する者に対し、必要な助言及び指導を行うことができる。

⑩ 前項の助言及び指導を行うに当たつては、労働者の健康が確

新旧対照表（労働基準法）

（新設）

保されるよう特に配慮しなければならない。

⑪　第三項から第五項まで及び第六項（第二号及び第三号に係る部分に限る。）の規定は、新たな技術、商品又は役務の研究開発に係る業務については適用しない。

第三十八条の四　賃金、労働時間その他の当該事業場における労働条件に関する事項を調査審議し、事業主に対し当該事項について意見を述べることを目的とする委員会（使用者及び当該事業場の労働者を代表する者を構成員とするものに限る。）が設置された事業場において、当該委員会がその委員の五分の四以上の多数による議決により次に掲げる事項に関する決議をし、かつ、使用者が、厚生労働省令で定めるところにより当該決議を行政官庁に届け出た場合において、第二号に掲げる労働者の範囲に属する労働者を当該事業場における第一号に掲げる業務に就かせたときは、当該労働者は、厚生労働省令で定めるところにより、第三号に掲げる時間労働したものとみなす。

一　事業の運営に関する事項についての企画、立案、調査及び分析の業務であつて、当該業務の性質上これを適切に遂

第三十八条の四　賃金、労働時間その他の当該事業場における労働条件に関する事項を調査審議し、事業主に対し当該事項について意見を述べることを目的とする委員会（使用者及び当該事業場の労働者を代表する者を構成員とするものに限る。）が設置された事業場において、当該委員会がその委員の五分の四以上の多数による議決により次に掲げる事項に関する決議をし、かつ、使用者が、厚生労働省令で定めるところにより当該決議を行政官庁に届け出た場合において、第二号に掲げる労働者の範囲に属する労働者を当該事業場における第一号に掲げる業務に就かせたときは、当該労働者は、厚生労働省令で定めるところにより、第三号に掲げる時間労働したものとみなす。

一　事業の運営に関する事項についての企画、立案、調査及び分析の業務であつて、当該業務の性質上これを適切に遂

新旧対照表（労働基準法）

改正後	改正前
行するにはその遂行の方法を大幅に労働者の裁量にゆだねる必要があるため、当該業務の遂行の手段及び時間配分の決定等に関し使用者が具体的な指示をしないこととする業務（以下この条において「対象業務」という。） 二～七　（略） ②　前項の委員会は、次の各号に適合するものでなければならない。 一～三　（略） ③　厚生労働大臣は、対象業務に従事する労働者の適正な労働条件の確保を図るために、労働政策審議会の意見を聴いて、第一項各号に掲げる事項その他同項の委員会が決議する事項について指針を定め、これを公表するものとする。 ④　（略） ⑤　第一項の委員会においてその委員の五分の四以上の多数による議決により第三十二条の二第一項、第三十二条の三、第三十二条の四第一項及び第二項、第三十二条の五第一項、第三十四条第二項ただし書、第三十六条第一項、第三十七条第三項、第三十八条の二第二項、前条第一項並びに次条第四項、第六項及び第七項ただし書に規定する事項について決議が行われた場合における第三十二条の	行するにはその遂行の方法を大幅に労働者の裁量に委ねる必要があるため、当該業務の遂行の手段及び時間配分の決定等に関し使用者が具体的な指示をしないこととする業務（以下この条において「対象業務」という。） 二～七　（略） ②～④　（略） ⑤　第一項の委員会においてその委員の五分の四以上の多数による議決により第三十二条の二第一項、第三十二条の三第一項、第三十二の四第一項及び第二項、第三十二条の五第一項、第三十四条第二項ただし書、第三十六条第一項、第二項及び第五項、第三十七条第三項、第三十八条の二第二項、前条第一項並びに次条第四項、第六項及び第九項ただし書に規定する事項について決議が行われた場

154

新旧対照表（労働基準法）

二第一項、第三十二条の三、第三十二条の四第一項から第三項まで、第三十二条の五第一項、第三十四条第二項ただし書、第三十六条、第三十七条第三項、第三十八条の二第二項、前条第一項並びに次条第四項、第六項及び第七項ただし書の規定の適用については、第三十二条の二第一項中「協定」とあるのは「協定若しくは第三十八条の四第一項に規定する委員会の決議（第百六条第一項を除き、以下「決議」という。）」と、第三十二条の三、第三十二条の四第一項から第三項まで、第三十二条の五第一項、第三十四条第二項ただし書、第三十六条第二項、第三十七条第三項、第三十八条の二第二項、前条第一項並びに次条第四項、第六項及び第七項ただし書中「協定」とあるのは「協定又は決議」と、第三十二条の四第二項中「同意を得て」とあるのは「同意を得て、又は決議に基づき」と、第三十六条第一項中「届け出た場合」とあるのは「届け出た場合又は決議を行政官庁に届け出た場合」と、「その協定」とあるのは「その協定又は決議」と、同条第三項中「又は労働者の過半数を代表する者」とあるのは「若しくは労働者の過半数を代表する者又は同項の決議をする委員」と、「当

合における第三十二条の二第一項、第三十二条の三第一項、第三十二条の四第一項から第三項まで、第三十二条の五第一項、第三十四条第二項ただし書、第三十六条、第三十七条第三項、第三十八条の二第二項、前条第一項並びに次条第四項、第六項及び第九項ただし書の規定の適用については、第三十二条の二第一項中「協定」とあるのは「協定若しくは第三十八条の四第一項に規定する委員会の決議（第百六条第一項を除き、以下「決議」という。）」と、第三十二条の三第一項、第三十二条の四第一項から第三項まで、第三十二条の五第一項、第三十四条第二項ただし書、第三十六条第二項及び第五項から第七項まで、第三十七条第三項、第三十八条の二第二項、前条第一項並びに次条第四項、第六項及び第九項ただし書中「協定」とあるのは「協定又は決議」と、第三十二条の四第二項中「同意を得て」とあるのは「同意を得て、又は決議に基づき」と、第三十六条第一項中「届け出た場合」とあるのは「届け出た場合又は決議を行政官庁に届け出た場合」と、「その協定」とあるのは「その協定又は決議」と、同条第八項中「又は労働者の過半数を代表する者」とあるのは「若しくは労

155

新旧対照表（労働基準法）

該協定」とあるのは「当該協定又は当該決議」と、同条第四項中「又は労働者の過半数を代表する者」とあるのは「若しくは労働者の過半数を代表する者又は同項の決議をする委員」とする。

働者の過半数を代表する者又は同項の決議をする委員」と、「当該協定」とあるのは「当該協定又は当該決議」と、同条第九項中「又は労働者の過半数を代表する者」とあるのは「若しくは労働者の過半数を代表する者又は同項の決議をする委員」とする。

（年次有給休暇）
第三十九条　使用者は、その雇入れの日から起算して六箇月間継続勤務し全労働日の八割以上出勤した労働者に対して、継続し、又は分割した十労働日の有給休暇を与えなければならない。

② 　使用者は、一年六箇月以上継続勤務した労働者に対しては、雇入れの日から起算して六箇月を超えて継続勤務する日（以下「六箇月経過日」という。）から起算した継続勤務年数一年ごとに、前項の日数に、次の表の上欄（編注：左欄）に掲げる六箇月経過日から起算した継続勤務年数の区分に応じ同表の下欄（編注：右欄）に掲げる労働日を加算した有給休暇を与えなければならない。ただし、継続勤務した期間を六箇月経過日から一年ごとに区分した各期間（最後に一年未満の期間を生じたときは、当該期間）の初日の前日の属する期間において出勤した

（年次有給休暇）
第三十九条　（略）

②〜⑥　（略）

新旧対照表（労働基準法）

日数が全労働日の八割未満である者に対しては、当該初日以後の一年間においては有給休暇を与えることを要しない。

六箇月経過日から起算した継続勤務年数	労働日
一年	一労働日
二年	二労働日
三年	四労働日
四年	六労働日
五年	八労働日
六年以上	十労働日

③　次に掲げる労働者（一週間の所定労働時間が厚生労働省令で定める時間以上の者を除く。）の有給休暇の日数については、前二項の規定にかかわらず、これらの規定による有給休暇の日数を基準とし、通常の労働者の一週間の所定労働日数として厚生労働省令で定める日数（第一号において「通常の労働者の週所定労働日数」という。）と当該労働者の一週間の所定労働日数又は一週間当たりの平均所定労働日数との比率を考慮して厚生労働省令で定める日数とする。

一　一週間の所定労働日数が通常の労働者の週所定労働日数に比し相当程度少ないものとして厚生労働省令で定める日数以下の労働者

二　週以外の期間によって所定労働日数が定められている労

157

新旧対照表（労働基準法）

働者については、一年間の所
定労働日数が、前号の厚生労
働省令で定める日数に一日を
加えた日数を一週間の所定労
働日数とする労働者の一年間
の所定労働日数その他の事情
を考慮して厚生労働省令で定
める日数以下の労働者

④　使用者は、当該事業場に、労
働者の過半数で組織する労働組
合があるときはその労働組合、
労働者の過半数で組織する労働
組合がないときは労働者の過半
数を代表する者との書面による
協定により、次に掲げる事項を
定めた場合において、第一号に
掲げる労働者の範囲に属する労
働者が有給休暇を時間を単位と
して請求したときは、前三項の
規定による有給休暇の日数のう
ち第二号に掲げる日数について
は、これらの規定にかかわらず、
当該協定で定めるところにより
時間を単位として有給休暇を与
えることができる。

一　時間を単位として有給休暇
を与えることができることと
される労働者の範囲

二　時間を単位として与えるこ
とができることとされる有給
休暇の日数（五日以内に限
る。）

三　その他厚生労働省令で定め
る事項

⑤　使用者は、前各項の規定によ

新旧対照表（労働基準法）

る有給休暇を労働者の請求する時季に与えなければならない。ただし、請求された時季に有給休暇を与えることが事業の正常な運営を妨げる場合においては、他の時季にこれを与えることができる。

⑥　使用者は、当該事業場に、労働者の過半数で組織する労働組合がある場合においてはその労働組合、労働者の過半数で組織する労働組合がない場合においては労働者の過半数を代表する者との書面による協定により、第一項から第三項までの規定による有給休暇を与える時季に関する定めをしたときは、これらの規定による有給休暇の日数のうち五日を超える部分については、前項の規定にかかわらず、その定めにより有給休暇を与えることができる。

（新設）

⑦　使用者は、第一項から第三項までの規定による有給休暇（これらの規定により使用者が与えなければならない有給休暇の日数が十労働日以上である労働者に係るものに限る。以下この項及び次項において同じ。）の日数のうち五日については、基準日（継続勤務した期間を六箇月経過日から一年ごとに区分した各期間（最後に一年未満の期間を生じたときは、当該期間）の初日をいう。以下この項におい

159

新旧対照表（労働基準法）

（旧）	（新）
	て同じ。）から一年以内の期間に、労働者ごとにその時季を定めることにより与えなければならない。ただし、第一項から第三項までの規定による有給休暇を当該有給休暇に係る基準日より前の日から与えることとしたときは、厚生労働省令で定めるところにより、労働者ごとにその時季を定めることにより与えなければならない。
（新設）	⑧　前項の規定にかかわらず、第五項又は第六項の規定により第一項から第三項までの規定による有給休暇を与えた場合においては、当該与えた有給休暇の日数（当該日数が五日を超える場合には、五日とする。）分については、時季を定めることにより与えることを要しない。
⑦　使用者は、第一項から第三項までの規定による有給休暇の期間又は第四項の規定による有給休暇の時間については、就業規則その他これに準ずるもので定めるところにより、それぞれ、平均賃金若しくは所定労働時間労働した場合に支払われる通常の賃金又はこれらの額を基準として厚生労働省令で定めるところにより算定した額の賃金を支払わなければならない。ただし、当該事業場に、労働者の過半数で組織する労働組合がある場合においてはその労働組合、	⑨　使用者は、第一項から第三項までの規定による有給休暇の期間又は第四項の規定による有給休暇の時間については、就業規則その他これに準ずるもので定めるところにより、それぞれ、平均賃金若しくは所定労働時間労働した場合に支払われる通常の賃金又はこれらの額を基準として厚生労働省令で定めるところにより算定した額の賃金を支払わなければならない。ただし、当該事業場に、労働者の過半数で組織する労働組合がある場合においてはその労働組合、

新旧対照表（労働基準法）

労働者の過半数で組織する労働組合がない場合においては労働者の過半数を代表する者との書面による協定により、その期間又はその時間について、それぞれ、健康保険法（大正十一年法律第七十号）第四十条第一項に規定する標準報酬月額の三十分の一に相当する金額（その金額に、五円未満の端数があるときは、これを切り捨て、五円以上十円未満の端数があるときは、これを十円に切り上げるものとする。）又は当該金額を基準として厚生労働省令で定めるところにより算定した金額を支払う旨を定めたときは、これによらなければならない。 ⑧　労働者が業務上負傷し、又は疾病にかかり療養のために休業した期間及び育児休業、介護休業等育児又は家族介護を行う労働者の福祉に関する法律第二条第一号に規定する育児休業又は同条第二号に規定する介護休業をした期間並びに産前産後の女性が第六十五条の規定によって休業した期間は、第一項及び第二項の規定の適用については、これを出勤したものとみなす。 **（労働時間等に関する規定の適用除外）** 第四十一条　（略）	労働者の過半数で組織する労働組合がない場合においては労働者の過半数を代表する者との書面による協定により、その期間又はその時間について、それぞれ、健康保険法（大正十一年法律第七十号）第四十条第一項に規定する標準報酬月額の三十分の一に相当する金額（その金額に、五円未満の端数があるときは、これを切り捨て、五円以上十円未満の端数があるときは、これを十円に切り上げるものとする。）又は当該金額を基準として厚生労働省令で定めるところにより算定した金額を支払う旨を定めたときは、これによらなければならない。 ⑩　労働者が業務上負傷し、又は疾病にかかり療養のために休業した期間及び育児休業、介護休業等育児又は家族介護を行う労働者の福祉に関する法律第二条第一号に規定する育児休業又は同条第二号に規定する介護休業をした期間並びに産前産後の女性が第六十五条の規定によって休業した期間は、第一項及び第二項の規定の適用については、これを出勤したものとみなす。 **（労働時間等に関する規定の適用除外）** 第四十一条　（略）

新旧対照表（労働基準法）

（新設）

第四十一条の二　賃金、労働時間その他の当該事業場における労働条件に関する事項を調査審議し、事業主に対し当該事項について意見を述べることを目的とする委員会（使用者及び当該事業場の労働者を代表する者を構成員とするものに限る。）が設置された事業場において、当該委員会がその委員の五分の四以上の多数による議決により次に掲げる事項に関する決議をし、かつ、使用者が、厚生労働省令で定めるところにより当該決議を行政官庁に届け出た場合において、第二号に掲げる労働者の範囲に属する労働者（以下この項において「対象労働者」という。）であつて書面その他の厚生労働省令で定める方法によりその同意を得たものを当該事業場における第一号に掲げる業務に就かせたときは、この章で定める労働時間、休憩、休日及び深夜の割増賃金に関する規定は、対象労働者については適用しない。ただし、第三号から第五号までに規定する措置のいずれかを使用者が講じていない場合は、この限りでない。

一　高度の専門的知識等を必要とし、その性質上従事した時間と従事して得た成果との関連性が通常高くないと認められるものとして厚生労働省令

で定める業務のうち、労働者に就かせることとする業務（以下この項において「対象業務」という。）

二　この項の規定により労働する期間において次のいずれにも該当する労働者であつて、対象業務に就かせようとするものの範囲

イ　使用者との間の書面その他の厚生労働省令で定める方法による合意に基づき職務が明確に定められていること。

ロ　労働契約により使用者から支払われると見込まれる賃金の額を一年間当たりの賃金の額に換算した額が基準年間平均給与額（厚生労働省において作成する毎月勤労統計における毎月きまつて支給する給与の額を基礎として厚生労働省令で定めるところにより算定した労働者一人当たりの給与の平均額をいう。）の三倍の額を相当程度上回る水準として厚生労働省令で定める額以上であること。

三　対象業務に従事する対象労働者の健康管理を行うために当該対象労働者が事業場内にいた時間（この項の委員会が厚生労働省令で定める労働時間以外の時間を除くことを決

議したときは、当該決議に係る時間を除いた時間）と事業場外において労働した時間との合計の時間（第五号ロ及びニ並びに第六号において「健康管理時間」という。）を把握する措置（厚生労働省令で定める方法に限る。）を当該決議で定めるところにより使用者が講ずること。

四　対象業務に従事する対象労働者に対し、一年間を通じ百四日以上、かつ、四週間を通じ四日以上の休日を当該決議及び就業規則その他これに準ずるもので定めるところにより使用者が与えること。

五　対象業務に従事する対象労働者に対し、次のいずれかに該当する措置を当該決議及び就業規則その他これに準ずるもので定めるところにより使用者が講ずること。

イ　労働者ごとに始業から二十四時間を経過するまでに厚生労働省令で定める時間以上の継続した休息時間を確保し、かつ、第三十七条第四項に規定する時刻の間において労働させる回数を一箇月について厚生労働省令で定める回数以内とすること。

ロ　健康管理時間を一箇月又は三箇月についてそれぞれ

新旧対照表（労働基準法）

厚生労働省令で定める時間を超えない範囲内とすること。

ハ　一年に一回以上の継続した二週間（労働者が請求した場合においては、一年に二回以上の継続した一週間）（使用者が当該期間において、第三十九条の規定による有給休暇を与えたときは、当該有給休暇を与えた日を除く。）について、休日を与えること。

ニ　健康管理時間の状況その他の事項が労働者の健康の保持を考慮して厚生労働省令で定める要件に該当する労働者に健康診断（厚生労働省令で定める項目を含むものに限る。）を実施すること。

六　対象業務に従事する対象労働者の健康管理時間の状況に応じた当該対象労働者の健康及び福祉を確保するための措置であつて、当該対象労働者に対する有給休暇（第三十九条の規定による有給休暇を除く。）の付与、健康診断の実施その他の厚生労働省令で定める措置のうち当該決議で定めるものを使用者が講ずること。

七　対象労働者のこの項の規定による同意の撤回に関する手

165

新旧対照表（労働基準法）

続

八　対象業務に従事する対象労働者からの苦情の処理に関する措置を当該決議で定めるところにより使用者が講ずること。

九　使用者は、この項の規定による同意をしなかつた対象労働者に対して解雇その他不利益な取扱いをしてはならないこと。

十　前各号に掲げるもののほか、厚生労働省令で定める事項

②　前項の規定による届出をした使用者は、厚生労働省令で定めるところにより、同項第四号から第六号までに規定する措置の実施状況を行政官庁に報告しなければならない。

③　第三十八条の四第二項、第三項及び第五項の規定は、第一項の委員会について準用する。

④　第一項の決議をする委員は、当該決議の内容が前項において準用する第三十八条の四第三項の指針に適合したものとなるようにしなければならない。

⑤　行政官庁は、第三項において準用する第三十八条の四第三項の指針に関し、第一項の決議をする委員に対し、必要な助言及び指導を行うことができる。

新旧対照表（労働基準法）

（労働時間及び休日）	（労働時間及び休日）
第六十条　第三十二条の二から第三十二条の五まで、第三十六条及び第四十条の規定は、満十八才に満たない者については、これを適用しない。	第六十条　第三十二条の二から第三十二条の五まで、第三十六条、第四十条及び第四十一条の二の規定は、満十八才に満たない者については、これを適用しない。
②・③　（略）	②・③　（略）
（法令等の周知義務）	（法令等の周知義務）
第百六条　使用者は、この法律及びこれに基づく命令の要旨、就業規則、第十八条第二項、第二十四条第一項ただし書、第三十二条の二第一項、第三十二条の三、第三十二条の四第一項、第三十二条の五第一項、第三十四条第二項ただし書、第三十六条第一項、第三十七条第三項、第三十八条の二第二項、第三十八条の三第一項並びに第三十九条第四項、第六項及び第七項ただし書に規定する協定並びに第三十八条の四第一項及び第五項に規定する決議を、常時各作業場の見やすい場所へ掲示し、又は備え付けること、書面を交付することその他の厚生労働省令で定める方法によって、労働者に周知させなければならない。	第百六条　使用者は、この法律及びこれに基づく命令の要旨、就業規則、第十八条第二項、第二十四条第一項ただし書、第三十二条の二第一項、第三十二条の三第一項、第三十二条の四第一項、第三十二条の五第一項、第三十四条第二項ただし書、第三十六条第一項、第三十七条第三項、第三十八条の二第二項、第三十八条の三第一項並びに第三十九条第四項、第六項及び第九項ただし書に規定する協定並びに第三十八条の四第一項及び同条第五項（第四十一条の二第三項において準用する場合を含む。）並びに第四十一条の二第一項に規定する決議を、常時各作業場の見やすい場所へ掲示し、又は備え付けること、書面を交付することその他の厚生労働省令で定める方法によって、労働者に周知させなければならない。
②　（略）	②　（略）

新旧対照表（労働基準法）

（付加金の支払）

第百十四条　裁判所は、第二十条、第二十六条若しくは第三十七条の規定に違反した使用者又は第三十九条第七項の規定による賃金を支払わなかつた使用者に対して、労働者の請求により、これらの規定により使用者が支払わなければならない金額についての未払金のほか、これと同一額の付加金の支払を命ずることができる。ただし、この請求は、違反のあつた時から二年以内にしなければならない。

第百十九条　次の各号の一に該当する者は、これを六箇月以下の懲役又は三十万円以下の罰金に処する。

一　第三条、第四条、第七条、第十六条、第十七条、第十八条第一項、第十九条、第二十条、第二十二条第四項、第三十二条、第三十四条、第三十五条、第三十六条第一項ただし書、第三十七条、第三十九条、第六十一条、第六十二条、第六十四条の三から第六十七条まで、第七十二条、第七十五条から第七十七条まで、第七十九条、第八十条、第九十四条第二項、第九十六条又は第百四条第二項の規定に違反した者

二　第三十三条第二項、第

（付加金の支払）

第百十四条　裁判所は、第二十条、第二十六条若しくは第三十七条の規定に違反した使用者又は第三十九条第九項の規定による賃金を支払わなかつた使用者に対して、労働者の請求により、これらの規定により使用者が支払わなければならない金額についての未払金のほか、これと同一額の付加金の支払を命ずることができる。ただし、この請求は、違反のあつた時から二年以内にしなければならない。

第百十九条　次の各号のいずれかに該当する者は、六箇月以下の懲役又は三十万円以下の罰金に処する。

一　第三条、第四条、第七条、第十六条、第十七条、第十八条第一項、第十九条、第二十条、第二十二条第四項、第三十二条、第三十四条、第三十五条、第三十六条第六項、第三十七条、第三十九条（第七項を除く。）、第六十一条、第六十二条、第六十四条の三から第六十七条まで、第七十二条、第七十五条から第七十七条まで、第七十九条、第八十条、第九十四条第二項、第九十六条又は第百四条第二項の規定に違反した者

二～四　（略）

新旧対照表（労働基準法）

九十六条の二第二項又は第
九十六条の三第一項の規定に
よる命令に違反した者

三　第四十条の規定に基づいて
発する厚生労働省令に違反し
た者

四　第七十条の規定に基づい
て発する厚生労働省令（第
六十二条又は第六十四条の三
の規定に係る部分に限る。）
に違反した者

第百二十条　次の各号の一に該当
する者は、三十万円以下の罰金
に処する。

一　第十四条、第十五条第一項
若しくは第三項、第十八条第
七項、第二十二条第一項から
第三項まで、第二十三条から
第二十七条まで、第三十二条
の二第二項（第三十二条の四
第四項及び第三十二条の五第
三項において準用する場合を
含む。）、第三十二条の五第二
項、第三十三条第一項ただし
書、第三十八条の二第三項
（第三十八条の三第二項にお
いて準用する場合を含む。）、
第五十七条から第五十九条ま
で、第六十四条、第六十八条、
第八十九条、第九十条第一項、
第九十一条、第九十五条第一
項若しくは第二項、第九十六
条の二第一項、第百五条（第
百条第三項において準用する

第百二十条　次の各号のいずれか
に該当する者は、三十万円以下
の罰金に処する。

一　第十四条、第十五条第一項
若しくは第三項、第十八条第
七項、第二十二条第一項から
第三項まで、第二十三条から
第二十七条まで、第三十二条
の二第二項（第三十二条の三
第四項、第三十二条の四第四
項及び第三十二条の五第三項
において準用する場合を含
む。）、第三十二条の五第二
項、第三十三条第一項ただし
書、第三十八条の二第三項
（第三十八条の三第二項にお
いて準用する場合を含む。）、
第三十九条第七項、第五十七
条から第五十九条まで、第
六十四条、第六十八条、第
八十九条、第九十条第一項、
第九十一条、第九十五条第一
項若しくは第二項、第九十六

場合を含む。）又は第百六条から第百九条までの規定に違反した者	条の二第一項、第百五条（第百条第三項において準用する場合を含む。）又は第百六条から第百九条までの規定に違反した者

二　第七十条の規定に基づいて発する厚生労働省令（第十四条の規定に係る部分に限る。）に違反した者

三　第九十二条第二項又は第九十六条の三第二項の規定による命令に違反した者

四　第百一条（第百条第三項において準用する場合を含む。）の規定による労働基準監督官又は女性主管局長若しくはその指定する所属官吏の臨検を拒み、妨げ、若しくは忌避し、その尋問に対して陳述をせず、若しくは虚偽の陳述をし、帳簿書類の提出をせず、又は虚偽の記載をした帳簿書類の提出をした者

五　第百四条の二の規定による報告をせず、若しくは虚偽の報告をし、又は出頭しなかつた者

二～五　（略）

第百三十八条　中小事業主（その資本金の額又は出資の総額が三億円（小売業又はサービス業を主たる事業とする事業主については五千万円、卸売業を主たる事業とする事業主については一億円）以下である事業主及び

第百三十八条　削除

その常時使用する労働者の数が三百人（小売業を主たる事業とする事業主については五十人、卸売業又はサービス業を主たる事業とする事業主については百人）以下である事業主をいう。）の事業については、当分の間、第三十七条第一項ただし書の規定は、適用しない。

（新設）

第百三十九条　工作物の建設の事業（災害時における復旧及び復興の事業に限る。）その他これに関連する事業として厚生労働省令で定める事業に関する第三十六条の規定の適用については、当分の間、同条第五項中「時間（第二項第四号に関して協定した時間を含め百時間未満の範囲内に限る。）」とあるのは「時間」と、「同号」とあるのは「第二項第四号」とし、同条第六項（第二号及び第三号に係る部分に限る。）の規定は適用しない。

②　前項の規定にかかわらず、工作物の建設の事業その他これに関連する事業として厚生労働省令で定める事業については、平成三十六年三月三十一日（同日及びその翌日を含む期間を定めている第三十六条第一項の協定に関しては、当該協定に定める期間の初日から起算して一年を経過する日）までの間、同条第二項第四号中「一箇月及び」と

新旧対照表（労働基準法）

	あるのは、「一日を超え三箇月以内の範囲で前項の協定をする使用者及び労働組合若しくは労働者の過半数を代表する者が定める期間並びに」とし、同条第三項から第五項まで及び第六項（第二号及び第三号に係る部分に限る。）の規定は適用しない。
（新設）	第百四十条　一般乗用旅客自動車運送事業（道路運送法（昭和二十六年法律第百八十三号）第三条第一号ハに規定する一般乗用旅客自動車運送事業をいう。）の業務、貨物自動車運送事業（貨物自動車運送事業法（平成元年法律第八十三号）第二条第一項に規定する貨物自動車運送事業をいう。）の業務その他の自動車の運転の業務として厚生労働省令で定める業務に関する第三十六条の規定の適用については、当分の間、同条第五項中「時間（第二項第四号に関して協定した時間を含め百時間未満の範囲内に限る。）並びに一年について労働時間を延長して労働させることができる時間（同号に関して協定した時間を含め七百二十時間を超えない範囲内に限る。）を定めることができる。この場合において、第一項の協定に、併せて第二項第二号の対象期間において労働時間を延長して労働させる時間が

新旧対照表（労働基準法）

一箇月について四十五時間（第三十二条の四第一項第二号の対象期間として三箇月を超える期間を定めて同条の規定により労働させる場合にあつては、一箇月について四十二時間）を超えることができる月数（一年について六箇月以内に限る。）を定めなければならない」とあるのは、「時間並びに一年について労働時間を延長して労働させることができる時間（第二項第四号に関して協定した時間を含め九百六十時間を超えない範囲内に限る。）を定めることができる」とし、同条第六項（第二号及び第三号に係る部分に限る。）の規定は適用しない。

② 前項の規定にかかわらず、同項に規定する業務については、平成三十六年三月三十一日（同日及びその翌日を含む期間を定めている第三十六条第一項の協定に関しては、当該協定に定める期間の初日から起算して一年を経過する日）までの間、同条第二項第四号中「一箇月及び」とあるのは、「一日を超え三箇月以内の範囲で前項の協定をする使用者及び労働組合若しくは労働者の過半数を代表する者が定める期間並びに」とし、同条第三項から第五項まで及び第六項（第二号及び第三号に係る部分に限る。）の規定は適用しな

173

新旧対照表（労働基準法）

（新設）

い。

第百四十一条　医業に従事する医師（医療提供体制の確保に必要な者として厚生労働省令で定める者に限る。）に関する第三十六条の規定の適用については、当分の間、同条第二項第四号中「における一日、一箇月及び一年のそれぞれの期間について」とあるのは「における」とし、同条第三項中「限度時間」とあるのは「限度時間並びに労働者の健康及び福祉を勘案して厚生労働省令で定める時間」とし、同条第五項及び第六項（第二号及び第三号に係る部分に限る。）の規定は適用しない。

②　前項の場合において、第三十六条第一項の協定に、同条第二項各号に掲げるもののほか、当該事業場における通常予見することのできない業務量の大幅な増加等に伴い臨時的に前項の規定により読み替えて適用する同条第三項の厚生労働省令で定める時間を超えて労働させる必要がある場合において、同条第二項第四号に関して協定した時間を超えて労働させることができる時間（同号に関して協定した時間を含め、同条第五項に定める時間及び月数並びに労働者の健康及び福祉を勘案して厚生労働省令で定める時間を超

えない範囲内に限る。）その他厚生労働省令で定める事項を定めることができる。

③　使用者は、第一項の場合において、第三十六条第一項の協定で定めるところによつて労働時間を延長して労働させ、又は休日において労働させる場合であつても、同条第六項に定める要件並びに労働者の健康及び福祉を勘案して厚生労働省令で定める時間を超えて労働させてはならない。

④　前三項の規定にかかわらず、医業に従事する医師については、平成三十六年三月三十一日（同日及びその翌日を含む期間を定めている第三十六条第一項の協定に関しては、当該協定に定める期間の初日から起算して一年を経過する日）までの間、同条第二項第四号中「一箇月及び」とあるのは、「一日を超え三箇月以内の範囲で前項の協定をする使用者及び労働組合若しくは労働者の過半数を代表する者が定める期間並びに」とし、同条第三項から第五項まで及び第六項（第二号及び第三号に係る部分に限る。）の規定は適用しない。

⑤　第三項の規定に違反した者は、六箇月以下の懲役又は三十万円以下の罰金に処する。

新旧対照表（労働基準法）

| （新設） | 第百四十二条　鹿児島県及び沖縄県における砂糖を製造する事業に関する第三十六条の規定の適用については、平成三十六年三月三十一日（同日及びその翌日を含む期間を定めている同条第一項の協定に関しては、当該協定に定める期間の初日から起算して一年を経過する日）までの間、同条第五項中「時間（第二項第四号に関して協定した時間を含め百時間未満の範囲内に限る。）」とあるのは「時間」と、「同号」とあるのは「第二項第四号」とし、同条第六項（第二号及び第三号に係る部分に限る。）の規定は適用しない。 |

【著者紹介】

大村剛史（おおむら　つよし）

髙井・岡芹法律事務所

弁護士

2002 年東京大学卒業。2007 年第二東京弁護士会登録、牛島総合法律事務所入所。2011 年髙井・岡芹法律事務所入所。経営法曹会議会員。人事労務問題を中心に企業に関するさまざまな法律問題を手がける。主な著書に『現代型問題社員対策の手引（第 4 版）─生産性向上のための人事措置の実務─』（民事法研究会、共著）、『労働裁判における解雇事件判例集　改訂第 2 版』（労働新聞社、共著）、『SNS をめぐるトラブルと労務管理　事前予防と事後対策・書式付き』（民事法研究会、共著）がある。

高　　亮（こう　りょう）

髙井・岡芹法律事務所

弁護士

2008 年早稲田大学法学部卒業。2011 年京都大学法科大学院修了。2012 年第一東京弁護士会登録、髙井・岡芹法律事務所入所。第一東京弁護士会労働法制委員会委員。主な著書に『実務 Q&A シリーズ　懲戒処分・解雇』（労務行政、共著）、『SNS をめぐるトラブルと労務管理　事前予防と事後対策・書式付き』（民事法研究会、共著）がある。

カバー・本文デザイン／志岐デザイン事務所

印刷・製本／日本フィニッシュ

〈1冊でわかる！ 改正早わかりシリーズ〉

働き方改革法　労働基準法、労働安全
衛生法、パート労働法、派遣法

2018年9月25日　初版発行

著　者　大村剛史　高　亮
発行所　株式会社 労務行政
　　　　〒141-0031　東京都品川区西五反田3 - 6 - 21
　　　　　　　　　　住友不動産西五反田ビル3階
　　　　TEL：03-3491-1231　FAX：03-3491-1299
　　　　https://www.rosei.jp/

ISBN978-4-8452-8333-0
定価はカバーに表示してあります。
本書内容の無断複写・転載を禁じます。
訂正が出ました場合、下記URLでお知らせします。
https://www.rosei.jp/static.php?p=teisei